Interpretation of
Beijing Wetland Conservation Regulation

崔丽娟　雷茵茹 ■ 主编

《北京市湿地保护条例》解读

中国林業出版社
China Forestry Publishing House

图书在版编目(CIP)数据

《北京市湿地保护条例》解读 / 崔丽娟，雷茵茹主编.
— 北京：中国林业出版社，2019. 10
ISBN 978-7-5219-0348-5

Ⅰ. ①北… Ⅱ. ①崔… ②雷… Ⅲ. ①沼泽化地 - 自然资源保护法 - 条例 - 法律解释 - 北京 Ⅳ. ①D927. 102. 605

中国版本图书馆 CIP 数据核字(2019)第 258722 号

责任编辑：于界芬

出版 中国林业出版社(100009 北京西城区刘海胡同 7 号)
网址 www. forestry. gov. cn/lycb. html **电话** 83143542
发行 中国林业出版社
印刷 北京中科印刷有限公司
版次 2019 年 12 月第 1 版
印次 2019 年 12 月第 1 次
开本 787mm × 860mm 1/16
印张 9. 25
字数 136 千字
定价 48. 00 元

《〈北京市湿地保护条例〉解读》编委会

序

北京与世界上其他古老的历史名城一样，城市的形成和发展与湿地息息相关。湿地是北京生态系统的重要组成部分，承载着生物多样性维持、水源供给、蓄洪防旱、净化水质、气候调节、环境美化等多种生态功能，具有巨大的生态服务价值。健康的湿地是维护首都生态平衡，建设国际一流和谐宜居之都的重要保障。

北京曾经是一个湿地资源非常丰富的城市。新中国成立初期，北京市湿地面积约 25.68 万公顷，占北京市国土面积的 15.28%。2008 年湿地资源调查结果显示，北京湿地总面积为 5.14 万公顷，占国土面积的 3.13%，比建国初期大幅减少，自然湿地的减少尤为明显。同时，湿地也呈现破碎化趋势，全市 8 公顷以下湿地斑块约占总数的 68%。

北京市委、市政府高度重视湿地保护工作，先后出台了一系列规划、政策、文件。市人大颁布实施了《北京市湿地保护条例》(以下简称《条例》)以来，全市的湿地保护修复工作取得了显著成效。遵循“生态优先、全面保护、自然恢复、科学修复”的原则，北京市近几年着重推进山水林田湖草系统治理，宜林则林、宜湿则湿，着力构建“一核、三横、四纵”的湿地总体布局，累计恢复建设湿地 8921 公顷，形成万亩以上大尺度森林湿地 10 余处。建立湿地自然保护区 6 处，总面积 2.11 万公顷；建立国家和市级湿地公园 11 处，湿地自然保护小区 10 处，总面积 3700 余公顷。2018 年新一轮湿地资源调查结果显示，本市湿地面积增加到 5.87 万公顷，湿地面积稳步扩大；湿地植物种类增加了 53 种，黑鹳、鸳鸯等国家重点保护鸟类种群数量稳步上升，震旦鸦雀、青头潜鸭、白尾海雕等珍稀濒危鸟类在湿地相继被发现。湿地生物多样性逐步增加，湿地生态功能明显改善。由此也体现出《条例》在促进北京市湿地保护修复工作中发挥的重要作用。

《条例》基于北京湿地资源的特征和维护生态安全的战略要求，从立法主旨到相关条款均体现了“北京”特色。比如，“最严格”的湿地用途管制。《条例》在全国首次提出“湿地面积总量不减少”的总量管控目标，按照“占补平衡”的原则，由建设单位负责恢复或重建不少于占用面积并具备相应功能的湿地。“最严谨”的湿地占用审批程序。《条例》设立了从区政府、市湿地保护部门到湿地保护联席会议，再到市政府的四级审批程序，进一步从严管理湿地占用审批手续。“最负责”的湿地责任追究。《条例》明确并监督湿地保护管理部门的职责，指出“区政府及其有关部门应当实行湿地保护目标责任制”，并对湿地保护目标的完成情况进行考核。“最新颖”的湿地科普宣教形式。结合北京秋季天气状况良好、湿地生物多样性最为丰富、湿地景观效果最佳的特点，《条例》设立了符合本地实际的湿地日——每年9月份的第三个星期日，将湿地宣传教育与科学普及有机结合，寓科普于湿地宣传教育之中，助推湿地保护深入人心。北京也成为全国第一个拥有专属“湿地日”的城市。

为进一步促进《条例》的贯彻实施，指导基层湿地管理人员执行好《条例》，提高湿地保护依法行政能力，我们决定编写出版《〈北京市湿地保护条例〉解读》一书，力求准确、详尽、通俗地解释每一条内容。我相信，该书的出版，将对湿地从业人员和广大读者更好地学习和理解《条例》的规定，为提升北京湿地保护管理能力、水平，推进北京湿地保护高质量发展做出有益贡献。

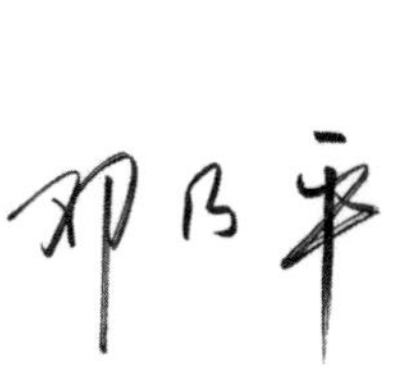

2019年9月

目 录

第一章 总则

第一条　为了加强湿地保护，维护湿地生态功能和生物多样性，促进湿地资源的可持续利用，保障首都生态安全，建设宜居城市，根据有关法律、法规，结合本市实际情况，制定本条例。

条文主旨

本条是关于立法目的的规定。立法目的也称为立法宗旨，是制定法规所要达到的目标，也是法规最核心的内容。明确了立法目的，也就明确了法规对其涉及的对象和事项所要采取的基本态度。立法目的与法规的其他条文之间是目的与措施的关系，法规中的每一条规定都应当围绕法规的立法目的展开，为实现立法目的服务。

《北京市湿地保护条例》(以下简称《条例》)是一部科学规范北京湿地保护工作的地方性法规，是维护首都生态安全，保障经济社会可持续发展的战略需要；是推进生态文明建设，建设国际一流和谐宜居之都的重要举措；又是实现科学管理湿地，持续扩大北京市生态空间的现实需要。

立法背景

北京拥有永定河水系、拒马河水系、温榆河水系、潮白河水系、泃河水系五大水系。历史上的北京是水资源相对丰富的地区，曾有过大片的湿地，其面积、水量和质量都远远超过今天。但是由于人口增长、城市扩张等因素，北京市地下水位持续下降，再加上农业产业结构调整，水稻种植面积锐减，北京市湿地大面积减少。据统计，北京市湿地面积由20世纪60年代的12万公顷减少到80年代的7.5万公顷，至21世纪初仅存5.14万公顷。第二次全国湿地资源调查结果显示，湿地面积仅占全市国土面积的3.13%，低于世界(8.6%)和全国平均水平(5.58%)，而且缺水或季节性淹水的湿地占到全市湿地总数三分之一。

北京市湿地生态质量和功能，尤其是水质净化和涵养水源功能的下降也产生了一系列的生态问题，例如城市河流污染严重、地表水蓄积和下渗能力减弱、河道防洪压力增加和生物多样性显著降低等。如果再不采取强有力的保护措施，北京市可持续发展和宜居环境将受到严重威胁。因此，制定一部专门的湿地保护地方性法规，加强和规范北京市湿地的保护和管理工作，已刻不容缓。

在此背景下，北京市政府积极推进《条例》立法工作，经过相关起草部门与专家的反复论证，于 2012 年 5 月 30 日提出《条例》(草案)。经过半年的修订，最终版《条例》于 2012 年 12 月 27 日由北京市第十三届人大常委会第三十七次会议审议通过，自 2013 年 5 月 1 日起开始施行。《条例》首次将北京市湿地保护纳入法制化、规范化轨道，使北京市湿地保护管理从此有法可依。

条文解读

本法的立法目的包括如下内容：

一、 加强湿地保护

湿地保护是指保护湿地环境和湿地资源，其中心任务是对湿地资源的保护、恢复、合理利用。《条例》在立法主旨的开篇就强调湿地保护，是因为北京湿地资源十分有限，必须在立法的开篇就突出湿地保护的重要性。

二、 维护湿地生态功能和生物多样性

生态功能即生态系统服务，联合国将生态系统服务定义为“人类从生态系统中获取的各种惠益，包括：食物和水等供给服务；调控洪灾、旱灾、土地退化和疾病等调节服务；土壤形成和养分循环等支持服务；以及娱乐、精神、宗教和其他非物质惠益等文化服务”。在北京城市的发展与演变中，湿地发挥着调节气候、涵养水源、蓄洪防旱、净化水质、维护生物多样性和美化环境、传承文化等重要的生态系统服务(具体功能释义参见第五条)。

生物多样性是生物及其环境形成的生态复合体以及与此相关的各种生态过程的综合，包括动物、植物、微生物和它们所拥有的基因以及它们与其生存环境形成的复杂的生态系统。北京是世界上生物多样性最丰富的首都之一，而尽管北京湿地仅占全市国土面积的3.13%，但已发现野生植物种数占全市野生植物种数的近50%，已发现野生动物种数占全市野生动物种数的76%。同时，北京湿地也是包括水禽在内的许多濒危珍稀物种所必需的迁徙、停歇、越冬和繁殖场所。因此，湿地作为众多野生动植物的“家园”，一直是北京生物多样性保护的关键区域。

三、促进湿地资源的可持续利用

可持续发展是既能满足当代人的需要，又不对后代人满足其自身需求的能力构成危害的发展。在人口增长和城市化进程的影响下，水资源是北京社会经济可持续发展的重要制约因素。湿地具有涵养水源的作用，因此保护湿地就是保护北京可持续发展的战略资源。

北京湿地的另一个重要作用是为城市居民提供休憩空间。随着首都经济社会的发展和市民生活水平的逐步提高，全社会对优美、宜居生态环境的需求也在不断增加。建立在资源可持续利用基础上的湿地生态旅游，一方面能够优化产业结构，拉动本市及周边地区的经济发展，增加就业岗位；另一方面为社区居民和游人提供了亲身欣赏湿地、了解湿地、享受湿地的机会，发挥了湿地科普宣教的功能。因此，北京应该强调湿地保护与合理利用相结合，因地制宜的促进湿地资源的可持续利用。

四、保障首都生态安全，建设宜居城市

生态安全是指一个国家赖以生存和发展的生态环境处于不受或少受破坏与威胁的状态，通常包含两重含义：一是指生态系统自身是否安全，即其自身结构是否受到破坏，功能是否健全；二是指生态系统对于人类是否安全，即生态系统所提供的服务是否能满足人类生存发展的需要。我国在2000年发布的《全国生态环境保护纲要》中，第一次明确提出了“维护国家生态环境安全”的目标。

习近平总书记在主持十八届中央政治局第六次集体学习时也强调要“坚持节约优先、保护优先、自然恢复为主的方针，着力树立生态观念、完善生态制度、维护生态安全、优化生态环境”。

2005年，国务院通过了《北京市城市总体规划(2004—2020年)》，明确了北京“国家首都、世界城市、文化名城、宜居城市”的城市定位。2007年中共北京市第十次党代会提出，北京要实现四个“更加”：经济更加繁荣、城市更加文明、社会更加和谐、环境更加宜居。并确立了“建设繁荣、文明、和谐、宜居首善之区”的奋斗目标。2008年奥运会后，市委市政府提出了建设“人文北京、科技北京、绿色北京”的目标。2009年又提出了建设世界城市的新战略。《北京市城市总体规划(2016—2035年)》提出要构建大尺度绿色空间，促进城绿融合发展，构建“一屏、三环、五河、九楔”的市域空间结构。宜人的生态环境是宜居城市最直观的特征，而健康的湿地生态系统又是评价一个城市生态环境优劣的重要指标。所以，北京市这些发展目标的实现，都离不开湿地的保护与合理利用。

相关规定

《北京市森林资源保护管理条例》；《北京市水资源管理条例》；《北京市实施〈中华人民共和国水法〉办法》；《北京市城市河湖保护管理条例》；《北京市水利工程保护管理条例》；《北京市实施〈中华人民共和国水污染防治法〉办法》；《北京市城市总体规划(2004—2020年)》；《北京市城市总体规划(2016—2035年)》。

第二条　本条例适用于本市行政区域内湿地的规划和建设、管理和利用、监督检查及其他湿地保护活动。有关法律、法规对湿地保护作出规定的，依照其规定执行。

本条例所称湿地是指天然或者人工形成的河流、湖泊、库塘、沼泽等常年或者季节性、带有静止或者流动水体、适宜喜湿野生生物生存的地域。

条文主旨

本条是对《条例》适用范围和规则的界定，以及《条例》中湿地概念和内涵的界定。

立法背景

准确理解湿地的概念是理解和遵循《条例》的基础。湿地是一个完整的生态系统，湿地的生态功能是湿地生态系统诸多因子综合、协调的结果，水体、土地或野生动植物等其中任一要素独立存在时，都无法完整地发挥湿地特有的生态功能，所以对湿地的保护应当是综合的、完整的保护。《条例》出台前，国家层面和北京市仅有一些针对湿地部分要素或功能的相关法律法规，并且其中缺乏对湿地概念的清晰界定。如《中华人民共和国土地管理法》就“养殖水面”，《中华人民共和国渔业法》就“内水、滩涂”，《中华人民共和国水法》就“江河、湖泊、水库、渠道”等进行了单一规定。《中华人民共和国水污染防治法》《中华人民共和国自然保护区条例》则将“湿地”与属于湿地类型的“内陆水域”“河口”“滩涂”等相提并论。“湿地”的概念不统一，内涵外延不清晰，不仅直接导致许多类型的湿地得不到法律的有效保护，而且导致管理者在工作中难以把握所管理湿地的范围与边界，降低湿地保护成效。因此，确定湿地概念的内涵与外延至关重要。

条文解读

一、本条例适用于本市行政区域内湿地的规划和建设、管理和利用、监督检查及其他湿地保护活动

法律的空间效力，就是法律在地域上的适用范围。《条例》是地方性法规，适用于北京市的行政区域；超出本市的行政区域，《条例》即无约束力。针对国家尚无湿地资源管理专门立法的现状，通过设立《条例》等地方法律法规，有助于控制湿地资源开发，加强湿地保护，对湿地进行合理利用，发挥法律的指引作用。

二、有关法律、法规对湿地保护作出规定的，依照其规定执行

本条明确了《条例》应与《中华人民共和国森林法》《中华人民共和国水法》《中华人民共和国野生动物保护法》及《中华人民共和国自然保护区条例》等法律法规相衔接，以解决实际迫切问题为目标，充分重视和尊重现行的水务、农业农村等部门贯彻执行的法律法规和管理制度。不打破现有管理体制，重点对现行制度补充和完善，梳理重叠和交叉，确保职责明确，目标统一。《条例》与涉及湿地保护的同级法律、法规的关系并不是简单地排除，而是有机的融合与相互衔接，相关法律、法规对湿地保护作出规定的，依照其规定执行。

三、本条例所称湿地是指天然或者人工形成的河流、湖泊、库塘、沼泽等常年或者季节性、带有静止或者流动水体、适宜喜湿野生生物生存的地域

《关于特别是作为水禽栖息地的国际重要湿地公约》(简称《湿地公约》)将湿地界定为“不论其为天然或人工、长久或暂时之沼泽、湿原、泥炭地或水域地带，带有或静止或流动、或为淡水、半咸水或咸水水体者，包括低潮时水深不超过 6 米的水域。可包括邻接湿地的河湖沿岸，沿海区域及位于湿地范围内的岛屿或低潮时水深不超过 6 米的海水水体”。这个概念在世界范围内被湿地

相关学者和管理者所广泛接受。

我国地方湿地法规中普遍采用“内涵 + 外延”的形式来界定湿地的概念，即先给出湿地的通用解释，然后再依照各省(自治区、直辖市)实际情况，列举所覆盖的具体湿地类型。北京市湿地既包括河流、沼泽等自然湿地，也包括蓄水区、排水渠等人工湿地；既包括水库等面积较大的湿地，也包括淀、洼、潭等面积较小的湿地；既包含了开敞水面，又涵盖了生长湿生植被的岸带区域。因此，《条例》在界定北京湿地的法律概念时，也是先对湿地进行抽象定义，同时列举出所要保护的具体湿地类型。

相关规定

《中华人民共和国森林法》；《中华人民共和国野生动物保护法》；《中华人民共和国土地管理法》；《中华人民共和国水法》；《中华人民共和国水污染防治法》；《中华人民共和国河道管理法》；《中华人民共和国自然保护区条例》；《中华人民共和国渔业法》。

第三条　湿地保护是生态公益事业。

市和区、县人民政府应当加强对湿地保护工作的领导，将湿地保护纳入国民经济和社会发展规划和计划，保障湿地保护建设项目和管理工作所需的资金投入，并将湿地保护经费列入同级财政预算。

乡镇人民政府和街道办事处应当做好本辖区内湿地保护的相关工作。

条文主旨

本条首先规定湿地保护事业具有生态公益的性质，其次规定了各级政府部门在湿地保护工作中所应承担的义务和责任。

立法背景

2004 年，国务院办公厅发布的《关于加强湿地保护管理的通知》中明确规定："湿地保护是一项重要的生态公益事业，做好湿地保护管理工作是政府的职能"。在各省(自治区、直辖市)现行的湿地法律法规中，多数在总则中都明确了自然资源国家所有或集体所有的原则。湿地的维持生物多样性、贮存物种资源、改善区域生态环境、提供科普教育和生态旅游场所等功能具有公有属性。从经济学的特征分析，这些功能所产生的效用或者提供的产品具有明显的外部经济性特征，符合公共产品的本质特征，因此湿地保护适宜作为一种公益事业来展开。同时，本条强调应当保障湿地保护和管理工作的资金来源。目前，北京湿地保护资金缺口很大，保护管理专项经费不足，而且部分湿地自然保护区没有纳入同级政府财政预算，部分管理机构还是差额拨款事业单位。此外，一些地方政府对其应履行的湿地保护和管理的职责等认识不清，在资金投入、社会发展规划中对湿地保护工作重视不足。通过地方法规来明确地方政府湿地保护职责，有助于推动北京市湿地保护工作的进一步落实。

条文解读

一、湿地保护是生态公益事业

公益事业是指非营利的下列事项：①救助灾害、救助贫困、扶助残疾人等困难的社会群体和个人的活动；②教育、科学、文化、卫生、体育事业；③环境保护、社会公共设施建设；④促进社会发展和进步的其他社会公共和福利事业。湿地的最大功能是改善生态环境，保持生态平衡，保护湿地所实现的目标是社会效益最大化。因此，各级政府应成为湿地保护的投资主体，把湿地保护列入公益性基础设施建设范畴。

二、市和区人民政府应当加强对湿地保护工作的领导，将湿地保护纳入国民经济和社会发展规划和计划，保障湿地保护建设项目和管理工作所需的资金投入，并将湿地保护经费列入同级财政预算

《条例》编制时，北京市行政区和县并存。2015 年 11 月 17 日，北京市撤销密云、延庆两县，设立北京市密云区、延庆区，北京正式告别县治时代。因此后文在解释条文中的区、县时，统一写为区。

虽然湿地保护和管理是公益事业，但是由于起步晚，没有专项资金渠道。近年来国家在不断加大对湿地保护的资金投入，支持湿地保护与恢复，启动了退耕还湿、湿地生态效益补偿试点和湿地保护奖励等工作。本条规定将湿地保护经费列入同级财政预算，确保湿地保护的地方配套资金有源可出，对地方湿地保护修复工程开展湿地保护队伍建设、设备更新和科研进展有着重要的意义。作为投资主体，各级政府应将湿地管理纳入其国民经济和社会发展规划，建立稳定的资金投入机制，增加湿地保护财务的支持力度。同时，各级政府还应研究制定湿地保护修复投资政策，发挥政府投资的主导作用，形成政府投资、社会融资、个人投入等多渠道投资机制。

三、乡镇人民政府和街道办事处应当做好本辖区内湿地保护的相关工作

乡镇政府是一级地方政府，属于基层政府，街道办是一级政府区政府的派出机构。作为国家最基层的政权机关和最基本的独立行政单位，乡镇人民政府和街道办事处直接面向居民，对其进行管理并提供服务，是连接群众和上级政府的重要纽带。湿地保护管理的好坏往往与基层单位的执行能力和管理强度有直接关系。《条例》明确了乡镇人民政府和街道办事处的湿地保护职责，发挥基层单位的管理能动性，有助于形成完善的湿地保护管理机制。

相关规定

《关于加强湿地保护管理的通知》(国办发〔2004〕50 号)；《中华人民共和国

自然保护区条例》；《中华人民共和国城市居民委员会组织法》；《北京市人民政府办公厅关于印发〈北京市湿地保护修复工作方案〉的通知》（京政办字〔2018〕3 号）。

第四条　本市实行最严格的湿地保护管理制度。市和区、县人民政府及其有关部门应当实行湿地保护目标责任制，确保湿地面积总量不减少，并采取措施，提升湿地质量，改善湿地功能。

市人民政府应当定期对有关部门和区县人民政府湿地保护目标完成情况进行考核。

条文主旨

本条是对北京市湿地开展目标责任制管理制度的规定。

立法背景

党的十八大后，北京市委、市政府提出，要加快经济发展，推进生态文明，构筑世界城市，把生态建设放在更加突出的位置，努力建设美丽首都，实现可持续发展。一个具有健康和稳定生态功能的湿地生态系统，是美丽首都的重要名片，是世界一流宜居城市的重要组成部分。同时，北京也是一个缺水型城市，《条例》从北京的实际出发，遵循最大限度保护湿地的原则，努力做到湿地面积“零净损失”，实现人与自然的可持续发展。

条文解读

一、本市实行最严格的湿地保护管理制度。市和区、县人民政府及其有关部门应当实行湿地保护目标责任制，确保湿地面积总量不减少，并采取措施，提升湿地质量，改善湿地功能

《条例》作为北京市生态法规体系建设的重要组成部分，首次提出了实行最严格的湿地保护管理制度。“最严格”首先体现在实施湿地保护目标责任制。目标责任制是通过工作目标设计，将组织的整体目标逐级分解，转换为单位目标，最终落实到个人的分目标，有关考评机构将对目标完成情况进行考核，并对考核结果进行运用，是我国政府管理中绩效评估的重要手段。对湿地保护管理工作实施目标责任制，有利于明确各级政府及有关部门在湿地保护职责范围内承担的相应责任、工作任务及目标，避免职责真空的情况出现。

其次，“最严格”体现在制定湿地“占补平衡”的目标。《条例》的这个思想与美国湿地“零净损失”的政策相似，即任何地方的湿地都应该尽可能地受到保护，转换成其他用途的湿地数量必须通过新建或恢复的方式加以补偿，从而保持甚至增加原有湿地资源基数。

再次，“最严格”体现在保护湿地资源时，必须实现面积和质量的双达标，体现了对湿地生态功能的重视。湿地征占用及补偿的过程中，占用的通常是自然湿地，补偿的往往是人工湿地。只考虑湿地面积占补平衡，忽视占补湿地的替代性与同质性，必然导致自然湿地面积的减少和湿地生态功能、生态效益的损失。在《条例》的要求下，未来占用湿地与新建湿地也必须在生态功能和生态结构上相匹配，实现质量的占补平衡。

二、市人民政府应当定期对有关部门和区县人民政府湿地保护目标完成情况进行考核

市人民政府对有关部门和区人民政府湿地保护目标完成情况进行定期考核，既对湿地保护的成效进行控制，也对过程细节进行把控，加强了湿地保护

管理工作的监督管理。也可以通过运用考核结果，调动相关工作人员的积极性和创造性，提高工作效率。定期考核内容应该从湿地面积及其生态质量两个方面进行评估，并研究制定湿地保护修复绩效评价标准，通过事前签订目标、事后监督考核，组织开展湿地保护修复工程的绩效评价。建立湿地保护修复公示制度，依法公开湿地保护修复方案及工作成效，接受公众监督，确保湿地发展目标的实现。

相关规定

《中共中央国务院关于加快推进生态文明建设的意见》；《国务院办公厅关于印发湿地保护修复制度方案的通知》(国办发〔2016〕89 号)；《北京市人民政府办公厅关于印发〈北京市湿地保护修复工作方案〉的通知》(京政办字〔2018〕3 号)；《党政领导干部生态环境损害责任追究办法(试行)》；《生态文明建设目标评价考核办法》。

第五条　本市湿地保护坚持生态优先、全面保护、突出重点、合理利用、持续发展的方针，充分发挥湿地涵养水源、净化水质、蓄洪防旱、调节气候、固碳释氧、改善空气质量和维护生物多样性等功能。

条文主旨

本条是关于北京市湿地保护基本原则和湿地功能目标的规定。

立法背景

湿地保护的基本原则是如何依法规范湿地保护和利用之间关系的集中体现。2013 年 3 月 28 日国家林业局《湿地保护管理规定》中规定：“国家对湿地实行全面保护、科学修复、合理利用、持续发展的方针”。《条例》在此基础上，对北京市湿地保护方针进行了增补和调整，把生态优先放在首位，并加入了合理利用的保护方针。

条文解读

一、本市湿地保护坚持生态优先、全面保护、突出重点、合理利用、持续发展的方针

生态优先是指在社会、经济和文化的发展中，应当保障生态效益的优先地位，尤其是在生态效益与经济发展矛盾时，应当优先考虑经济发展对自然环境和生态系统的长期影响。湿地是一种重要的生态系统，具有脆弱性和资源稀缺性，决定了湿地保护必须遵循“生态优先”的原则。因此，《条例》规定北京市将湿地保护和恢复作为优先工作，突出强调湿地生态系统在首都发展中的生态效益和地位。

全面保护是指把全市所有的湿地都纳入到保护范围。我国湿地正从抢救性保护转变为全面保护，力求将更多的湿地纳入生态保护红线范围。根据第二次全国湿地资源调查的结果，并经过专家反复论证，我国划定了“到 2020 年，中国湿地面积不少于 8 亿亩”的湿地保护红线，为遏制我国湿地资源面积减少和功能退化，实现湿地全面保护提供了重要保障。

突出重点是为了结合北京湿地保护的实际情况，开展有针对性的湿地保护活动。例如，在城市建设较为成熟的区域，保持现有湿地规模，以恢复湿地生态功能、提升湿地生态质量为主；在远郊的山区、半山区，以湿地生态保育为重点，注重发挥湿地涵养水源、生物多样性维持的生态功能；在地势平坦、水源充足的区域，以扩大湿地面积、连通水系为主，注重发挥湿地净化水质、调节气候的生态功能。

合理利用是在可持续发展的背景下，通过运用生态系统方法，维持湿地的生态特征。随着北京城市发展，市民的物质生活得到了极大的满足，对生态旅游的需求也在逐渐增加。北京市的湿地已经成为广大市民理想的休憩、娱乐场所，这也是北京城市湿地将继续发挥的重要生态服务功能之一。因此，《条例》

提出合理利用湿地资源，让湿地为市民的福祉服务。

在可持续发展的原则下，北京市各级湿地保护管理部门应鼓励、提倡实施能够提升湿地生物多样性维持、水质净化、大气组分调节和科普宣教等生态功能的管护措施，为子孙后代谋福祉。

二、充分发挥湿地涵养水源、净化水质、蓄洪防旱、调节气候、固碳释氧、改善空气质量和维护生物多样性等功能

湿地是由土地、水、生物共同构成，内部生物链结构非常复杂，同时与外界环境有着密切的联系，因此具有多样的生态、经济和社会功能。本条界定了湿地的各项功能，是为了防止湿地的保护管理工作过多的偏向湿地经济功能的开发利用，而忽略了对湿地生态功能的保护。

涵养水源。湿地可以作为居民生活用水、工业生产用水和农业灌溉用水的水源。蓄积在湿地中的水也可以缓慢向下渗透通过土壤层，源源不断地补给地下水，有效抑制地下漏斗和由此导致的地面下沉问题。

净化水质。湿地具有很强的降解污染物、净化水质的功能。生活污水、农村面源污染、工业污染物等有害有毒物质进入湿地时，湿地中的植物、动物和微生物，通过物理过滤、生物吸收与化学分解合成作用等实现对水体水质的净化。

蓄洪防旱。湿地在控制洪涝灾害中发挥着重要作用，是蓄水防洪的天然“海绵”。丰水季节，湿地可承纳上游或周边地区暂时无法下泄的洪水，起到蓄洪排涝、减轻下游水患压力的作用；枯水季节，湿地则可以将洪水期间容蓄的富余水量，向下游或周边地区排放，起到抗旱和缓解下游用水紧张的作用。此外，湿地中的植物和有机残体对水流有阻滞作用，能够降低水流流速，削弱流水挟沙能力，使湿地来水中所携带的泥沙沉积下来，减轻下游水体的泥沙淤积问题。

调节气候。湿地水面、土壤的水分蒸发和植物叶面的水分蒸腾，使得湿地与大气之间不断进行着广泛的热量和水分交换，因此在增加局部地区空气湿度、削减风速、降低大气含尘量等方面都有明显的作用。城市湿地能够增加近地层空气湿度，调节周围地区的气温，使人们的生活环境更加舒适。

固碳释氧。在湿地环境中，土壤吸收和释放二氧化碳十分缓慢，形成了富含有机质的湿地土壤和泥炭层，起到了固碳的作用。湿地是单位面积土壤碳储量最高的陆地生态系统之一，尽管湿地面积只占陆地表面的5%~8%，但湿地土壤碳库占全球陆地生态系统土壤碳储量的20%~30%。湿地中的植被茂盛，在吸收CO_2的同时释放大量的O_2。研究表明，地球上的湿地每年向大气圈释放1.6亿吨的O_2，有利于全球CO_2的平衡。

改善空气质量。研究表明，粉尘等颗粒物及其携带的细菌、真菌等微生物沉降在湿地中后，不易被释放出来，发挥了净化空气的作用。针对北京市湿地的研究表明，北京城区湿地能够显著削减周边大气环境中的细颗粒物浓度，例如翠湖湿地附近的$PM_{2.5}$浓度显著低于周边裸地，降低幅度最高可达50%。

维护生物多样性。湿地不但为水生植物提供了优良的生存场所，而且也为许多野生动物，尤其为水禽提供了非常适宜的迁徙、越冬、觅食和繁殖场所。北京湿地以仅占全市国土3%的面积为全市近二分之一的植物、72%的鸟类提供了栖息地，使得湿地成为北京生物多样性保护的重要区域，在保持首都生态平衡，维护首都生态安全上发挥了重要作用。

相关规定

《生态文明体制改革总体方案》(中发〔2015〕25号)；《推进生态文明建设规划纲要(2013—2020年)》；《国务院办公厅关于印发湿地保护修复制度方案的通知》(国办发〔2016〕89号)。

第六条　本市实行综合协调、分部门实施的湿地保护管理体制。

市和区、县园林绿化行政部门负责本行政区域内湿地保护的组织、协调、指导和监督。

市和区、县园林绿化、水务、农业行政部门(以下统称湿地保护管理部门)按照市人民政府确定的职责，分别负责湿地保护管理工作；发展改革、财政、国土资源、规划、环境保护等其他有关部门依照职责分工，做好湿地保护相关工作。

市和区、县人民政府建立健全湿地保护联席会议制度，研究、协调涉及湿地保护的重大事项及相关工作。园林绿化行政部门承担湿地保护联席会议的日常工作。

条文主旨

本条是对北京市湿地保护管理体制、不同主管部门和各级人民政府湿地保护职责的规定。

立法背景

湿地管理涉及对土地、水、动物、植物等多种资源的综合管理。2018 年机构改革之前我国湿地资源管理是按资源类型进行部门分类管理，湿地资源管理的行政部门涵盖林业、国土、环保、农业、水利等多个行业。尽管湿地资源多部门分类管理有利于明确部门分工、发挥部门优势，但由于没有专门机构对上述部门进行权力协调和统筹管理。不同行政管理部门从本部门管理职责出发，部门间容易因管辖范围交叉而发生冲突，致使湿地保护工作衔接不紧密。

《条例》出台前，北京湿地管理体制中没有对湿地保护管理部门分工及其管理权限进行明确界定，没有统一的部门对湿地进行监督和管理。因此，《条例》的首要任务之一就是从立法的角度明确湿地保护主管部门和管理机构的职责。

在《北京市湿地保护行动计划》中，市政府明确原北京市林业局在湿地保护中的组织和协调职能。2005 年，北京市政府办公厅下发的《加强北京市湿地保护工作的通知》中，进一步明确北京市林业局负责湿地保护管理的日常工作，并切实做好组织协调工作。2006 年，北京市园林绿化局组建后，承担了原北京市林业局拥有的湿地保护管理职权。北京市人民政府办公厅《关于进一步加强湿地保护管理工作的意见》(京政办发〔2011〕69 号)规定:“园林绿化部门负责北京市湿地保护的指导和监督,研究拟订湿地保护发展规划和行业标准。”

条文解读

一、本市实行综合协调、分部门实施的湿地保护管理体制

《中华人民共和国自然保护区条例》第八条规定:“国家对自然保护区实行综合管理与分部门管理相结合的管理体制。国务院环境保护行政主管部门负责全国自然保护区的综合管理。国务院林业、农业、地质矿产、水利、海洋等有关行政主管部门在各自的职责范围内,主管有关的自然保护区。”

根据 1998 年国务院“三定”方案,国家林业局(现国家林业和草原局)负责承担湿地保护管理工作综合协调的职能,负责“组织、指导陆生野生动植物资源的保护和合理开发利用,组织、协调全国湿地保护和有关国际公约的履约”;环境保护部(现生态环境部)负责“监督检查生物多样性保护、野生动植物保护、湿地环境保护”;农业部(现农业农村部)负责“指导渔业水域、宜农滩涂、宜农湿地的开发利用,承办渔业水域、宜农滩涂、宜农湿地保护和管理的协调监督”;此外,水利部负责统一管理水资源,国土资源部负责组织编制和实施国土规划、土地利用总体规划,国家海洋局负责海洋资源行政管理。

本《条例》参照《中华人民共和国自然保护区条例》里设定的综合管理与分部门管理相结合的管理办法,并遵循国家现有的对于湿地保护工作的部门分工,规定北京市实行综合协调、分部门实施的湿地保护管理体制。

二、市和区、县园林绿化行政部门负责本行政区域内湿地保护的组织、协调、指导和监督

遵从政府规定的职能分工,《条例》把北京市园林绿化局定为北京湿地的主管部门,负责本行政区域内湿地保护的组织、协调、指导和监督(具体职责详见下文)。

三、市和区园林绿化、水务、农业行政部门(以下统称湿地保护管理部门)按照市人民政府确定的职责，分别负责湿地保护管理工作；发展改革、财政、国土资源、规划、环境保护等其他有关部门依照职责分工，做好湿地保护相关工作

《条例》全文对市和区政府、园林绿化部门和其他湿地保护管理相关部门的职责进行了清晰的界定，明确了各级政府和有关部门的具体职责。为了更好地管理湿地资源，《条例》建立了“两级政府、三层部门、一个机构”各负其责的管理模式。包括市和区人民政府的领导职责，园林绿化部门的组织、协调、指导、监督职责，园林绿化、水务、农业(现改为农业农村)部门的行业管理职责，发展改革、财政、国土资源(现改为自然资源)、规划、环境保护(现改为生态环境)等部门的相关职责等。在本条例相关的条款中列举了各部门的相关职责。

市和区政府的主要职责包括：①将湿地保护纳入国民经济和社会发展规划和计划；②保障湿地保护建设项目和管理工作所需的资金投入；③实现湿地保护目标责任制，确保湿地面积总量不减少；④市政府对区政府及有关部门湿地保护目标完成情况进行考核；⑤建立健全湿地保护联席会议制度；⑥对湿地保护中成绩显著的单位或个人给予表彰、奖励；⑦湿地保护发展规划的批准；⑧按计划在各年度中安排落实湿地保护建设项目；⑨制定措施、支持农村集体湿地建设；⑩权限内湿地名录及保护范围的批准；⑪占用列入名录的湿地的批准；⑫对因恢复或者建设湿地造成农民合法权益的损失予以补偿。

市和区园林绿化行政部门的主要职责包括：①湿地保护工作的组织、协调、指导和监督；②湿地保护联席会议日常工作；③编制湿地保护发展规划，按照规划组织恢复或建设湿地；④为恢复或者建设湿地提供技术指导和服务；⑤编制有关湿地保护的标准和技术规范；⑥制定并公布湿地名录及保护范围；⑦湿地公园、湿地保护小区设立的有关批准；⑧占用、补建湿地的相关审核工作；⑨组织设立湿地保护专家委员会；⑩对湿地保护发展规划实施情况进行监督检查；⑪开展湿地资源动态监测和资源调查。

其他湿地保护部门的主要职责：发展改革部门负责统筹协调湿地保护发展

规划编制工作，湿地保护恢复项目立项审批和支持保障工作；科技部门负责组织开展湿地保护恢复相关科学研究及技术推广工作；财政部门负责湿地规划、调查、监测、保护管理能力建设方面资金保障工作；国土(现改为自然资源)部门负责涉及湿地的用地审批工作，并做好与园林绿化行政主管部门的沟通协调；规划部门负责建设项目规划审批的湿地避让保护工作；环保(现改为生态环境)部门负责湿地水环境监测，对湿地水污染防治工作实施统一监督管理，以及湿地自然保护区、湿地公园和湿地自然保护小区内及周边建设项目环境影响评价审批工作；水务部门负责河流、蓄水区、运河输水河湿地的保护、恢复和管理工作，以及湿地生态用水的配置与管理等工作；农业(现改为农业农村)部门负责水田、水产池塘湿地保护、恢复的监督管理，以及水生野生动物保护工作。

结合北京市湿地管理现状，《条例》不打破现有体制，不调整部门职能，建立了由有关部门各负其责、分别实施、共同推进完成湿地保护管理目标和任务的工作机制。如出现监督、监管不力及未完成湿地保护任务时，对相应的行政主管部门进行追责。

四、市和区、县人民政府建立健全湿地保护联席会议制度，研究、协调涉及湿地保护的重大事项及相关工作。园林绿化行政部门承担湿地保护联席会议的日常工作

《关于进一步加强湿地保护管理工作的意见》(京政办发〔2011〕69 号)在保障措施里提出，要“健全由市发展改革委、市科委、市财政局、市国土局、市规划委、市环保局、市水务局、市园林绿化局、市农业局等部门为成员单位的湿地保护联席会议制度，负责研究、协调涉及湿地保护的重大事项及相关工作”，对湿地保护联席会议的组成单位和相关职责进行了明确规定。本条依据政府工作安排，提倡建立健全湿地保护联席会议制度。在湿地保护管理工作中，联席会议制度把没有隶属关系但是有工作关联的部门有机的联系起来，有效解决涉及多部门的管理问题。由一方或多方牵头，通过召开联席会议的形式，在充分发扬民主的基础上，在湿地保护管理和开发利用上达成共识，形成

具有约束力的规范性意见。在具体建立湿地保护联席会议制度时，需要更高一级别政府部门组织，而在日常工作方面，由园林绿化行政部门承担。湿地保护联席会议制度的具体的作用包括：

(1)规范湿地保护管理的秩序。联席会议制度可以规范湿地保护职能部门的管理行为和执法行为，并就湿地管理中具体问题进行沟通、协商，研究制定一些规章制度来规范湿地保护工作，并通过会议纪要的形式确定下来，成为涉及湿地管理各部门共同遵守执行的规范性文件。

(2)解决湿地保护管理工作中存在的具体问题。联席会议具有指导性广泛、针对性强、解决问题快捷迅速的特点，决定的事项都是工作中遇到的现实问题，这些问题如果等待法律来完善和规范，时效性不如联席会议迅速。

(3)明确工作责任，调动部门工作积极性。通过联席会议制定，可以加强各成员单位的联系，明确各成员单位的保护职责，发挥各成员单位的优势，在湿地保护工作中形成强大的合力，实现湿地保护管理协抓共管、协调一致的工作局面。

相关规定

《中华人民共和国自然保护区条例》；《北京市湿地保护行动计划》；《关于进一步加强湿地保护管理工作的意见》(京政办发〔2011〕69号)。

第七条　每年9月的第三个星期日为“北京湿地日”。

各级人民政府、有关部门、新闻媒体应当组织和开展经常性的湿地保护宣传教育，普及湿地保护法律法规和科学知识，提高全社会湿地保护意识。

条文主旨

本条规定了“北京湿地日”的时间，同时也规定市各级人民政府、有关部门和新闻媒体作为行为主体，开展湿地科普宣传教育活动。

立法背景

由于湿地保护是一项新兴事业，目前大多数公众对“湿地”这个概念还比较陌生，对湿地的价值、功能和重要性认识不足。针对湿地保护和合理利用的宣传、教育工作滞后于资源保护和生态文明建设的要求，宣传教育的广度、深度不足，限制了公众对湿地保护必要性的认识。

在北京与湿地保护相关的政策中，“还绿于民，共建共享”和“宜居城市”等理念都获得了公众的一致认可。保护湿地，提升湿地生态质量，需要全体市民的共同参与。所以应加大湿地科普宣传力度，让越来越多的公众愿意走近湿地、认识湿地，自发主动地保护湿地。

每年 2 月 2 日的世界湿地日，北京市结合不同的主题，开展了大量的宣传活动。但由于受到冬季天气条件的影响，在一定程度上制约了湿地科普宣传的效果。为进一步扩大湿地科普宣教的影响，提高全社会湿地保护意识，《条例》结合北京物候特点，设立了更为符合北京气候特点的湿地日。

条文解读

一、 每年九月的第三个星期日为“北京湿地日”

《条例》规定“北京湿地日”为每年 9 月的第三个星期日，主要从以下几方面考虑：一是这个时节基本为秋分节气，天气状况良好，有利于各类宣传活动的开展。二是这个时节北京湿地生物多样性最为丰富，湿地景观最佳。三是这个时节既为北京传统的旅游旺季，但具体时间又避开了“国庆节”假期，随着生态旅游的日益盛行，宣传范围可达到最大化。

北京市从 2013 年起连续开展“湿地日”主题宣教活动。2013 年 9 月 15 日是北京市第一届“北京湿地日”宣传活动暨北京市长沟湿地公园揭牌仪式，在房山区长沟湿地公园举办，主题为“依法保护湿地建设美丽北京”。2014 年 9 月 21

日，北京市第二届“北京湿地日”宣传活动在北京16个区县同时举办，主题为“宣传《北京市湿地保护条例》”。2015年9月20日，北京市第三届“北京湿地日”宣传活动在北京市顺义区汉石桥湿地自然保护区举办。2016年9月18日，北京市第四届“北京湿地日”主题宣传活动在野鸭湖国家湿地公园举办，主题为“湿地坚守未来”。2017年9月17日，第五届“北京湿地日”主题宣传活动在玉渊潭公园举办，主题为“加强湿地保护修复，提升绿色空间质量”。2018年9月16日，市园林绿化局在通州区大运河森林公园柳荫广场举办了第六个“北京湿地日”宣传活动，主题为“加强湿地保护修复，助力生态城市建设”。2019年9月15日，第七个“北京湿地日”主题宣传活动在房山区长沟泉水国家湿地公园举办，主题为“强化湿地保护修复，推动湿地高质量发展”。由此可见，《条例》对“湿地日”的相关法律规定得到了很好的贯彻和执行。

二、各级人民政府、有关部门、新闻媒体应当组织和开展经常性的湿地保护宣传教育，普及湿地保护法律法规和科学知识，提高全社会湿地保护意识

对湿地资源保护的有效性，很大程度上取决于公众和管理决策者多大程度上认识到湿地重要性。利用互联网、移动媒体等手段，开展湿地科普宣传教育，通过一系列强有力的宣传教育与培训措施，普及湿地法律法规和科学知识，有助于提高公众对湿地概念和功能的认识，强化公众的湿地保护意识，形成全社会保护湿地的良好氛围。

在北京，每年有数以万计的学生和民众走进各类湿地，参加辨识植物、观鸟、亲子活动等各种科普活动。同时北京湿地公园如颐和园、圆明园、玉渊潭、紫竹院等，因其独特的景观和文化内涵，成为世界闻名的旅游胜地，更是把北京湿地宣教活动的影响力扩大到全国甚至全世界。因此，在北京开展湿地宣传教育，往往能收到事半功倍的效果。

相关规定

《中华人民共和国科学技术普及法》；《国务院办公厅关于印发湿地保护修

复制度方案的通知》(国办发〔2016〕89 号);《北京市人民政府办公厅关于印发〈北京市湿地保护修复工作方案〉的通知》(京政办字〔2018〕3 号)。

第八条　鼓励公民、法人和其他组织以宣传教育、捐赠、志愿服务等形式参与湿地保护活动。

鼓励、支持湿地保护科学技术研究和成果转化应用,提高湿地保护科学技术水平。对在湿地保护中作出显著成绩的单位或者个人,市和区、县人民政府或者湿地保护管理部门应当给予表彰、奖励。

条文主旨

本条首先鼓励社会各方以多种形式参与湿地保护,并鼓励科学技术应用推广,明确了实行湿地保护政府奖励原则。

立法背景

湿地保护领域中的公众参与是指公民有权通过一定的程序或途径参与湿地利益相关的决策管理活动,使该项政策符合公众的切身利益,且有利于湿地保护。吸引公众参与湿地保护管理工作是国际自然保护领域中通行的做法,有助于加强湿地保护管理力量,构建公众监督体系,提高湿地保护管理工作的有效性。广泛的社会参与政策,通过立法和相关制度建设搭建公众参与湿地保护的平台,利用社会力量增加湿地保护投入,并通过湿地保护信息公布制度加大社会监督是发达国家湿地保护政策的新动态。

近年来,随着湿地保护的重要性逐渐为全社会所认识,北京市企事业单位、社会团体以及广大民众的湿地保护意识都在增强,依法保护湿地的热情也越来越高。与此同时,非政府环保组织在逐步增加,如自然之友、北京地球村、中华环境保护基金会、绿色家园等。民间环保组织不仅宣传环保知识、提高公众环境意识，还积极参与、监督环境政策的制定和执行。此外，越来越多的公民自发地宣传湿地保护知识或参与湿地保护行动，如向公众宣传湿地保护知识、向湿地管理部门提出环保建议、向污染者提出抗议等。在北京全社会日益高涨的湿地保护意识和湿地保护行动的推动下，全国人大代表、政协委员及北京市人大代表、政协委员积极提出湿地保护议案或建议。因此，《条例》中将“公众参与”作为立法内容之一，目的在于倡导建立政府主导和社会参与的湿地保护长远合作机制，引导、鼓励集体、个人和社会力量以多种方式参与湿地的保护及合理利用，促进湿地保护事业的可持续发展。

条文解读

一、鼓励公民、法人和其他组织以宣传教育、捐赠、志愿服务等形式参与湿地保护活动

湿地保护是一项需要公民广泛参与的事业。仅仅依靠政府或专门机构难以完成湿地的保护任务，而公众参与湿地保护，使民间社团可以配合政府做许多工作，对湿地资源和湿地环境保护起到了积极的推动作用。为吸引公众参与湿地保护，可利用报刊、广播、电视等媒体，以及展览馆、博物馆和城市公园的展示，对公民进行宣传教育，同时可有组织地开展参与式的保护实践活动，以便为公众参与湿地保护提供契机。

二、鼓励、支持湿地保护科学技术研究和成果转化应用，提高湿地保护科学技术水平

鼓励科学研究，支持技术进步是环境资源保护和合理利用的基本保障，因此也是国家立法中普遍提倡的一条基本原则。目前我国湿地保护科学研究处于发展阶段，对湿地的结构、功能、演替规律、价值评价等方面还需要更加系统、深入的研究。从事湿地研究的专业人员较为缺乏，难以为湿地保护和利用决策提供充足的科学依据，制约了湿地保护与管理的发展。北京科研单位虽然众多，科技优势也很明显，但目前北京市湿地科研能力还需要进一步的提升。

因此，《条例》明确政府对于湿地保护科学研究及相关活动的支持与奖励，以促进湿地保护科学技术水平的提高。

三、对在湿地保护中作出显著成绩的单位或者个人，市和区、县人民政府或者湿地保护管理部门应当给予表彰、奖励

表彰奖励是指对某种有利于社会发展的行为予以奖励和鼓励。表彰可以通过颁发证书或在媒体上公布的形式进行；奖励包括物质奖励，如一定数额的奖金、晋升工资等，精神奖励如授予光荣称号、通报嘉奖等。表彰奖励的目的是在全社会树立榜样，引导人们的行为，调动全体公民的积极性和热情，推动湿地保护事业的发展。给予表彰和奖励的主体是市、区人民政府或湿地保护管理部门；受到表彰和奖励的对象是组织和个人，既包括有关行政主管部门及其工作人员、相关科学研究机构及其研究人员，也包括其他有关的组织和个人等。表彰奖励的条件是在湿地保护中做出显著成绩。

相关规定

《中华人民共和国土地管理法》；《中华人民共和国环境保护法》；《中华人民共和国水法》；《中华人民共和国渔业法》；《中华人民共和国野生动物保护法》；《中华人民共和国草原法》；《中华人民共和国森林法》；《中华人民共和国野生动物保护条例》。

第二章

规划和建设

第九条　市和区、县园林绿化行政部门应当会同发展改革、水务、农业、规划、国土资源、环境保护等部门编制全市和区县湿地保护发展规划，报本级人民政府批准后公布实施。区县湿地保护发展规划应当符合全市湿地保护发展规划，并报市园林绿化行政部门备案。

编制湿地保护发展规划应当采取座谈会、论证会、听证会等多种形式，公开、广泛听取专家和公众意见。

条文主旨

本条是对市、区园林绿化局部门编制湿地保护发展规划法定职责、报批程序的规定。

立法背景

在城市快速发展的过程中，北京市自然湿地的数量在减少、质量在下降，湿地生态系统面临较为严重的威胁。如果不采取强有力的措施，有计划、有步骤地保护好湿地，将严重影响经济社会的可持续发展。湿地保护发展规划是未来北京湿地保护和发展的指导性文件，其科学性、合理性和前瞻性直接影响着未来北京湿地的布局和湿地质量的好坏，是北京生态建设的关键保障措施。制定北京市和各区湿地保护发展规划对指导各部门开展湿地保护、恢复和管理工作具有重大指导意义。

北京市人民政府于2001年审议通过了《北京市湿地保护行动计划》，2002年北京市园林绿化局制定了《北京市湿地保护工程规划（2001—2010年）》；2005年，市政府办公厅印发了《关于加强本市湿地保护管理的通知》（京政办发〔2005〕6号）；2007年，市政府批准了市园林绿化局、市发展改革委员会等八个部门共同编制的《北京市湿地保护工程实施规划（2007—2010年）》；2010年，编制了《北京湿地公园发展规划(2011—2020 年)》。虽然截至 2012 年北京市出台了多个湿地方面的规划，但是专项规划的年限最远只到 2020 年，缺乏中长期发展规划。并且北京市湿地专项规划在当时尚未做到与国家湿地保护规划，以及与水资源保护规划、环境保护规划、生态建设规划等相关规划的有效衔接。因此，《条例》规定园林绿化行政部门作为湿地的主管部门，应当与其他湿地保护管理相关部门协调制定湿地保护规划。

条文解读

一、市和区园林绿化行政部门应当会同发展改革、水务、农业(现改为农业农村)、规划、国土资源(现改为自然资源)、环境保护(现改为生态环境)等部门编制全市和区县湿地保护发展规划，报本级人民政府批准后公布实施。区县湿地保护发展规划应当符合全市湿地保护发展规划，并报市园林绿化行政部门备案

《条例》提出了严格的湿地保护规划编制程序，明确了北京湿地规划编制的原则、目标，确立了湿地规划的法律地位，确定了湿地规划的编制主体、规划要求和规划内容，设置了湿地规划论证环节和湿地规划变更的审批程序。明确由市和区园林绿化行政部门会同发展改革、水务、农业(现改为农业农村)、规划、国土资源(现改为自然资源)、环境保护(现改为生态环境)等部门编制全市和区县湿地保护发展规划。这是对《条例》第六条规定的“综合协调、分部门实施”的湿地保护管理体制的进一步细化和具体落实。为了加强规划的权威性，《条例》规定湿地保护发展规划需报市人民政府批准后公布实施。同时，区级湿地保护发展规划也必须与市级湿地保护发展规划保持一致，有助于实现北京市湿地保护空间的布局优化，以及湿地保护和恢复工作的有序开展。

二、编制湿地保护发展规划应当采取座谈会、论证会、听证会等多种形式，公开、广泛听取专家和公众意见

座谈会是由以非机构化的自然方式对一小群调查对象进行的访谈；论证会

通常由专家组成，对某件事务的可行性进行讨论；听证会就是听取意见、证明规范性行政公文等是否合理合法的会议。与座谈会、论证会相比，听证会具有法定性、程序性、透明度高、参与人员更广泛的特点。

《条例》规定编制湿地保护发展规划应当采取座谈会、论证会、听证会等多种形式，公开、广泛听取专家和公众意见，主要从以下方面考虑：①从宏观意义上讲，湿地属于全民所有或者集体所有财产，因此社会公众有权利对湿地资源保护、利用、规划等行为进行监督和参与管理；②从具体事项上看，湿地资源的开发、占用、征用、处置、保护等行为均会对湿地区域范围内或周边居民，特别是依靠湿地资源生存的当地居民的生产、生活带来不同程度的影响，所以政府管理部门对上述行为进行决策时，应当采取专门形式听取当地社区居民的意见；③从专业和技术角度看，湿地管理政策制定、保护与恢复关键技术研发、科研成果转化及推广应用等一系列工作，都需要湿地科研人员和专家的意见和建议。

相关规定

《中华人民共和国城市规划法》；《北京城市总体规划(2016—2035 年)》；《北京市湿地保护行动计划》；《北京湿地公园发展规划(2011—2020 年)》；《北京市湿地保护工程规划(2001—2010 年)》；《北京市湿地保护工程实施规划(2007—2010 年)》。

第十条　湿地保护发展规划应当明确湿地保护的目标任务、总体布局、保护重点和保障措施等。

湿地保护发展规划应当符合本市国民经济和社会发展规划、城乡规划、土地利用总体规划和主体功能区规划，与水资源、防洪、水土保持、环境保护等规划相互协调。

条文主旨

本条明确了湿地保护发展规划的主要内容和要求。

立法背景

湿地保护应当坚持源头治理，规划先行。为有效保护湿地资源，北京市编制了湿地公园、湿地保护工程等规划，但北京缺乏针对全市湿地保护发展的全面规划，湿地专项规划与环境保护、水资源、防洪、水土保持等规划的关系不明确，不能完全满足北京市湿地保护发展的需要。因此，确立规划的法律地位明确北京湿地保护发展规划编制的要求、目标，显得尤为重要。

不同规划之间衔接要遵循几项原则，包括：①下级政府规划服从上级政府规划的原则；②专项规划和区域规划服从本级和上级总体规划的原则；③专项规划之间不得相互矛盾的原则；④编制跨省（自治区、直辖市）区域规划，要充分考虑土地利用总体规划、城市规划等相关领域规划的要求。因此，《条例》要求湿地保护发展规划与各项总体规划和专项规划相协调。

条文解读

一、湿地保护发展规划应当明确湿地保护的目标任务、总体布局、保护重点和保障措施等

湿地生态效益的有效发挥，取决于湿地的数量、质量和空间布局，其关键在于制定科学合理的湿地规划。《条例》规定了严格的湿地保护规划编制程序，明确了规划的要求和内容，将湿地发展系统化、科学化，为将北京湿地建设成为布局较为合理、功能相对完善的生态系统提供了重要的法制保障。

《北京城市总体规划（2016—2035 年）》（下文简称为《总体规划》）将北京今后十多年内的发展目标定位为建设国际一流的和谐宜居之都，让北京成为在政

治、科技、文化、社会、生态等方面具有广泛和重要国际影响力的城市，建设成为人们幸福安康的美好家园。与“国际一流的和谐宜居之都”密切相关的生态保护、环境治理在规划中被提升到了重要的战略高度。因此，北京市湿地保护发展规划的目标任务应该是：北京湿地面积持续增加，生态功能显著提升，形成较为完善的湿地保护管理体系。

《总体规划》着眼打造以首都为核心的世界级城市群，完善城市体系，在北京市域范围内形成“一核一主一副、两轴多点一区”的城市空间结构，并提出构建“一屏、三环、五河、九楔”的市域绿色空间结构。北京市湿地保护发展规划与《总体规划》的总体布局相一致，根据京津冀协同发展对北京改善和保护生态环境的总体需求，以及北京市地形地貌、气候、水资源、土地资源等自然资源条件和社会经济条件，构建优化北京湿地分布的“一核—三横—四纵”湿地建设总体布局。

《北京市“十三五”时期生态保护工作方案》提出要推进北京湿地恢复建设：北部地区以妫水河—官厅水库、翠湖—温榆河、潮白河、泃河为重点，南部地区以房山长沟—琉璃河、大兴长子营、通州马驹桥—于家务为节点，恢复和建设大面积、集中连片生态湿地和湿地公园，到2020年，恢复湿地8000公顷，新增湿地3000公顷，构建“一核、三横、四纵”湿地格局。这与北京市湿地保护发展规划的重点任务相一致。

北京市湿地保护发展规划的保障措施包括政策法规保障、资金保障和能力建设保障。

二、湿地保护发展规划应当符合本市国民经济和社会发展规划发改委、城乡规划规委、土地利用总体规划国土和主体功能区规划，与水资源、防洪、水土保持、环境保护等规划相互协调。

本条强调湿地保护发展规划不能只考虑本部门的情况，也需要与其他规划相互协调。国民经济和社会发展规划由北京市发改委制定，湿地保护发展规划应与其协调湿地保护恢复资金；城乡规划与土地利用总体规划由北京市规划和国土资源管理委员会制定，湿地保护发展规划应与其协调湿地保护中涉及土地利用性质方面的内容；主体功能区划由北京市发改委制定，湿地保护发展规划应与其协调适应功能区域发展要求的生态保护与建设的规划和政策。此外，湿地保护发展规划还应与水资源、防洪、水土保持、环境保护等规划协调河道红线、水库库容等方面内容。

相关规定

《中华人民共和国环境保护法》；《中华人民共和国自然保护区条例》；《北京市“十三五”时期生态保护工作方案》；《北京城市总体规划(2016 年—2035 年)》。

第十一条　湿地保护发展规划是湿地建设、管理、利用等湿地保护相关工作的依据，任何单位和个人未经批准不得修改。确需修改的，应当按照原审批程序报批、备案。湿地保护发展规划修改后应当重新公布。

条文主旨

本条规定了湿地保护发展规划的法律效力和修改程序。

立法背景

湿地保护发展规划属于专项规划，修改需要结合相关法律、法规文件进行申请和审批。《中华人民共和国城乡规划法》规定了修订修改省域城镇体系规划、城市总体规划、镇总体规划的情形和程序；《北京市城乡规划条例》第四十八条同样强调了“经依法批准的城乡规划不得擅自修改”，并提出“城市总体规划、分区规划和乡、镇域规划确需修改的，应当依照法定程序和权限进行；特定地区规划、专项规划、村庄规划确需修改的，应当按照原审批程序报批。”

条文解读

一、湿地保护发展规划是湿地建设、管理、利用等湿地保护相关工作的依据，任何单位和个人未经批准不得修改

北京湿地保护发展规划是未来北京湿地保护和发展的纲领性文件。其规划的科学性、合理性和前瞻性能否有效的服务于未来北京湿地面积和质量的提升，有赖于湿地行政管理部门的执行。湿地管理部门应当严格按照湿地保护发展规划制定湿地保护工程计划与方案，组织新建或者恢复湿地，保障规划长期、连续和有效的实施。为了确保规划的落实，《条例》规定任何单位和个人未经批准不得修改湿地保护发展规划。

二、确需修改的，应当按照原审批程序报批、备案。湿地保护发展规划修改后应当重新公布

虽然《条例》已明确任何单位和个人未经批准不得修改湿地保护规划，但是在规划的具体实施过程中，如果遇到客观原因确需修改的，应当按照原审批程序报批、备案（参照第九条）。本条使湿地保护发展规划的修改程序更加规范和严谨，与《条例》倡导的对北京市湿地保护管理从严治理的理念相一致。《条例》随后还强调了修改后的湿地保护发展规划应当重新公布，确保规划变更的内容得到社会公众的广泛监督与认可。

相关规定

《生态文明体制改革总体方案》；《中华人民共和国城乡规划法》；《北京市城乡规划条例》；《国务院办公厅关于印发湿地保护修复制度方案的通知》（国办发〔2016〕89 号）；《北京市人民政府办公厅关于印发〈北京市湿地保护修复工作方案〉的通知》（京政办字〔2018〕3 号）。

第十二条　列入湿地保护发展规划的湿地保护建设项目，市和区、县人民政府应当根据项目前期准备工作和建设资金落实情况，在各年度国民经济和社会发展计划中予以安排。

市和区、县湿地保护管理部门应当按照湿地保护发展规划制定湿地保护工程规划或者保护方案，组织恢复或者建设湿地，落实保护措施。

园林绿化行政部门应当为恢复或者建设湿地提供技术指导和服务。

条文主旨

本条规定了列入湿地保护发展规划的湿地保护建设项目落实办法。

立法背景

由于早期许多地区的湿地保护发展规划未能与土地利用规划以及社会经济发展规划等综合性规划相衔接，湿地保护建设项目实施缺乏长效机制。湿地保护建设项目资金投入渠道不稳定，制约了湿地保护建设项目的实施。

条文解读

本《条例》对湿地保护建设项目资金渠道进行了落实和细化，为相关部门争取资金提供依据，明确了湿地保护发展规划及湿地保护建设项目的重要性和必要性，保障了列入湿地保护发展规划的湿地保护建设项目的实施，维护了规划执行的严肃性和权威性。《北京市人民政府办公厅关于进一步加强湿地保护管理工作的意见》规定各区县要按照完善市与区县分税制财政管理体制的要求，参照保护、建设行业标准，及时、足额安排湿地保护所需资金。本条例政府工作意见保持一致。

本条第一款明确了市和区人民政府对湿地保护建设项目的责任，为落实湿地保护建设项目建设资金提供了依据。本条例第三条明确了湿地保护是生态公益事业。市和区、县人民政府应将湿地保护经费列入同级财政预算。由市和区人民政府列入湿地保护发展规划的湿地保护建设项目，应列入相应年度的一般公共预算支出。

本条第二款明确了湿地保护建设项目组织实施部门为市和区湿地保护管理部门。根据本条例第六条，市和区湿地保护管理部门包括市和区园林绿化、水务、农业行政部门，规定市和区湿地保护管理部门应当按照湿地保护发展规划制定具有可操作性的湿地保护工程规划或者保护方案，执行期限一般与社会与经济五年发展规划相一致。

湿地保护建设项目不同于水环境整治、小流域治理等工程，为保障湿地保护建设项目的科学性和规范性，规定由园林绿化行政部门为恢复或者建设湿地提供技术指导和服务，而非水务、环保等相关部门。同时，为开展湿地保护建设项目的设计、施工等单位提供技术指导和服务的，也是园林绿化行政部门的义务。

湿地保护属于社会公益性事业，政府是湿地保护资金投入的主渠道。各级政府应把湿地保护纳入国民经济发展计划，保证工程投入和国家项目配套资金到位。要利用多种渠道筹集湿地保护资金，按照“谁投资、谁受益”的原则，鼓励进行人工湿地保护建设；广泛吸引社会资金，鼓励社会各投资主体投资，有条件的要积极争取国家和国际支持援助。同时，规范使用社会集资和个人捐助资金，逐步建立湿地保护的投入机制。

相关规定

《中华人民共和国预算法》；《国务院办公厅关于印发湿地保护修复制度方案的通知》（国办发〔2016〕89 号）；《中共北京市委北京市人民政府关于全面提升生态文明水平推进国际一流和谐宜居之都建设的实施意见》；《北京市人民政府办公厅关于进一步加强湿地保护管理工作的意见》。

第十三条　恢复或者建设湿地，应当符合国家和本市有关湿地保护的标准和技术规范，采用自然或者生态的材料和工艺，维护湿地生态功能。防洪、抗旱、水系治理等涉及湿地的工程应当兼顾湿地生态功能，最大限度地减少采用影响湿地生态功能的工程措施。

恢复或者建设湿地，应当种植湿地植物，根据野生动物活动特点和规律，建设野生动物繁殖、栖息环境。

市园林绿化行政部门应当会同有关部门编制有关湿地保护的标准和技术规范。

条文主旨

本条规定了恢复或者建设湿地的原则和技术要求。

立法背景

围绕平原地区百万亩造林和新城滨河森林公园建设，以及北运河、永定河、潮白河流域综合治理、密云、官厅水库库滨带建设等全市重大项目，大力实施湿地公园建设、湿地恢复与建设工程，5 年来全市累计恢复建设湿地 8000 余公顷，湿地生态功能得到优化，湿地生态质量明显提升。湿地保护与恢复工程的实施使得湿地的美化环境、净化水质、调节小气候及维持生物多样性等生态功能得到一定的改善。然而在已开展的湿地恢复与建设工程中，设计和施工单位对于湿地恢复与建设工程的认识不足，采用了硬质化岸带和拦水坝等传统工程技术，并大量种植非湿地植物，造成恢复或建设湿地的生态功能不佳。因此，有必要明确湿地恢复建设的原则，并对相关工程技术做出进一步指导，以保障湿地恢复建设工程的科学性及质量。

条文解读

一、恢复或者建设湿地，应当符合国家和本市有关湿地保护的标准和技术规范，采用自然或者生态的材料和工艺，维护湿地生态功能

《条例》规定恢复或者建设湿地，应当符合国家和本市有关湿地保护的标准和技术规范。可以参考的国家技术标准体系包括：《国家湿地公园建设规范》《国家湿地公园评估标准》；可以参考的北京市技术标准包括：《北京市级湿地公园建设规范》《北京市级湿地公园评估标准》《湿地恢复与建设技术规程》。

北京市地方标准《湿地恢复与建设技术规程》在基本要求中也提出“应采用自然或生态的材料和技术”。生态材料指产品生产、运输、储存、消费和循环再生的整个过程中符合国家和地方相关环境标准，环境影响低、资源利用率高、生态服务功能强、经济成本低的环境友好型材料。生态的技术包括生态的水质恢复技术，例如构建生态浮岛放置于水面上，种植对污染物吸收能力强的湿地植物，通过湿地植物的吸附等作用达到水质净化的目的。

二、防洪、抗旱、水系治理等涉及湿地的工程应当兼顾湿地生态功能，最大限度地减少采用影响湿地生态功能的工程措施

《湿地恢复与建设技术规程》提出“护坡工程应选择生态材料，不应使用混凝土、水泥等硬质铺装材料”。混凝土等硬质化处理的岸带割裂了湿地水体与陆地之间的物质、能量流动，减少了湿地土壤持水，阻碍了湿地植物的生长，从而削弱了湿地涵养水源、净化水质、蓄洪防旱等重要的生态功能。《北京市级湿地公园建设规范》提出“岸带保护应采取自然或生态材料”并建议“岸带保护措施可以采用天然石块、木桩(部分活木桩)或生态袋等固定材料，种植根系发达能够固着土壤的水生植物”。因此《条例》规定在防洪、抗旱、水系治理等涉及湿地的工程中，最大限度地减少采用影响湿地生态功能的工程措施。

三、恢复或者建设湿地，应当种植湿地植物，根据野生动物活动特点和规律，建设野生动物繁殖、栖息环境

栖息地(生境)指生物个体、种群或群落能够赖以生存的生态环境。在特定生境中包含着生物所必需的生存条件及其他对生物起作用的生态因素。作为水鸟的重要栖息地，湿地的鸟类迁徙种群数量较大，停留时间较长。由于水鸟类群以及生活习性差异，游禽、涉禽、鸣禽、猛禽等对繁殖、停歇和觅食等环境的要求不同，因此湿地恢复建设应针对保护对象营造多元化的栖息地，配置适合不同湿地水鸟栖息的植物群落。

四、市园林绿化行政部门应当会同有关部门编制有关湿地保护的标准和技术规范

有关部门包括湿地保护相关部门，也包括科研设计单位，例如，市园林绿化局会同中国林业科学研究院湿地研究所编制了北京市地方标准《北京市级湿地公园建设规范》《北京市级湿地公园评估标准》和《湿地恢复与建设技术规程》等。

相关规定

《国务院办公厅关于印发湿地保护修复制度方案的通知》(国办发〔2016〕89号)；《北京市人民政府办公厅关于印发〈北京市湿地保护修复工作方案〉的通知》(京政办字〔2018〕3 号)；《北京市级湿地公园建设规范》(DB11T 768—2010)；《北京市级湿地公园评估标准》(DB11/T 769—2010)；《湿地恢复与建设技术规程》(DB11/T 1300—2015)；《国家湿地公园建设规范》(LY/T 1755—2008)。

第十四条　恢复或者建设湿地应当考虑本地区水资源状况，充分利用雨洪水和再生水，禁止使用地下水。

鼓励、支持污水处理单位恢复或者建设湿地，利用湿地生物资源和生态工程降解污染物、净化水质。

条文主旨

本条规定了恢复或者建设湿地在水源和水质方面的技术要求和禁止事项。

立法背景

北京是一个水资源短缺的特大型城市，北京市人均水资源占有量仅为94立方米，只有全国人均水资源占有量的七分之一，世界人均水资源占有量的三十分之一，水资源紧缺已成为首都社会经济可持续发展的关键制约因素。因此，北京市的湿地恢复和建设必须首先考虑水资源条件。

同时北京是一个排除洪涝十分困难的内陆城市。在温带半湿润大陆性季风气候的影响下，北京夏季炎热多雨，全年降水量80%集中在夏秋季，城近郊区易发生暴雨积涝。在全球气候变化的背景下，暴雨的频度和强度在局部地区有不断增大的风险，这致使北京城市洪涝灾害的风险加剧。利用雨洪资源建设和恢复湿地，成为综合解决水资源短缺的一个重要选项，也成为减轻城市内涝的一种重要手段，为建设资源节约型城市和生态城市提供了一个可行的方案。

条文解读

一、 恢复或者建设湿地应当考虑本地区水资源状况

水是维系湿地生态系统稳定和健康的决定性环境因子。水文条件通常是决定湿地形态和功能的主要控制机制。在恢复和重建湿地时，通常需要首先考虑

这处湿地地表水和地下水的输入和输出、水位、土壤饱和以及洪泛的持续时间和频度。这些问题可以用来初步验证湿地恢复或建设项目的可行性。

二、 充分利用雨洪水和再生水

《条例》规定充分利用雨洪水和再生水进行湿地恢复和重建，就是将雨洪水和再生水当作可利用的水资源。

雨洪水是指一定地域范围内的降水瞬时集聚或者流经本范围的过境洪水。雨洪资源化利用是把作为重要水资源的雨水，采用工程和非工程的措施，分散实施、就地拦蓄，使其及时就地下渗，补充地下水，或利用这种设施积蓄起来再利用。再生水是指废水或雨水经适当处理后，达到一定的水质指标，满足某种使用要求，可以进行有益使用的水。雨洪和再生水资源化可以增加城市的水资源补给，缓解水资源紧张的压力，同时可以产生巨大的生态效益，改善城市小气候，减少城市地表径流量，控制雨洪过程，减轻城市洪涝灾害等，是目前城市生态环境治理的一个有利的发展趋势。

三、 禁止使用地下水

北京地表水供水不足，长期以来为了满足城市发展对水的需求，只能靠采地下水等措施维持水的供需平衡，造成了北京地下水开采过量。自 20 世纪 60 年代以来，平原区地下水累计亏损 50 多亿立方米，其中近郊区减少了近 20 亿立方米。地下水的持续超采，致使地下水位大幅度下降，2005 年北京地下水平均埋深已达到 20. 21 米，超采面积达 59. 8 万公顷，严重超采区 21. 86 万公顷。地下水超采的后果包括永定河、潮白河等河道长期断流；京郊泉水大部分消亡或衰退；地面沉降范围达 8 万公顷。为了保护地下水资源，《条例》规定禁止使用地下水建设和恢复湿地。

四、鼓励、支持污水处理单位恢复或者建设湿地，利用湿地生物资源和生态工程降解污染物、净化水质

污水处理单位具有丰富的再生水资源，所以本条例明确提出鼓励、支持污水处理单位恢复或者建设湿地。建设的湿地通常称为处理湿地，由人工建造和

控制运行，利用基质、植物、微生物的协同作用，对污水进行净化。目前在顺义区杨镇汉石桥、昌平南口七间房，污水处理单位应用再生水营建了不同类型的人工湿地，取得了良好的成效。

湿地有很强的降解污染物和净化水质的功能。湿地低平的地势和缓慢的水流，可以让污水中的悬浮物在重力作用下沉降；湿地植物可直接吸收水体中的氮、磷等营养物质，也可以对水体中的重金属等污染物进行富集；广泛分布于水体、基质和植物根系等环境中的微生物能够参与多种氧化还原反应，从而降解、去除各类污染物。

湿地水体的污染常常是因为氮、磷等营养物质超过负荷量，使得水体中的藻类大量繁殖，造成的富营养化。无论是外源营养负荷的消减，还是各种除藻措施的施行，都不能在大型水域取得良好而持久的效果，一些不恰当的物理、化学方法还会加剧破坏原本脆弱的水生生态系统。生态工程技术具有投资、维护和运行费用低廉，处理效果好，可改善和恢复水域生态环境，同时兼具回收资源、收获经济植物等优点。普遍使用的生态水资源净化工程包括人工湿地、生态浮岛、生态砾石床等。

相关规定

《国务院办公厅关于印发湿地保护修复制度方案的通知》(国办发〔2016〕89号)；《北京市人民政府办公厅关于印发〈北京市湿地保护修复工作方案〉的通知》(京政办字〔2018〕3号)。

第十五条　市和区、县人民政府应当制定政策措施，支持村集体经济组织或者农民在集体土地上恢复或者建设湿地，改善农村生态环境。

条文主旨

本条为鼓励条款，规定了市和区人民政府的职责。

立法背景

改革开放以来，我国农村经济快速增长，农村面貌发生了巨大的变化，但是农村环境问题却日益突出，特别是环境污染严重，已经成为当今农村发展的重要制约因素。农村环境污染不仅直接影响农民的身体健康，而且影响当地居民的生活质量，因此治理农村污染问题也是推动美丽乡村建设的一个重要保障。

从2006年开始，北京市委、市政府制定实施了《北京市新农村“五项基础设施”建设规划》，村庄污水处理是其中的重要内容之一。为深入贯彻党的十八大、十九大、中央一号文件和习近平总书记系列重要讲话精神，进一步推进生态文明和美丽中国建设，在全国范围内开展了“美丽乡村”建设。全面建设宜居、宜业、宜游的美丽乡村，有利于提高城乡居民生活品质，促进生态文明和提升群众幸福感。

条文解读

市和区人民政府是支持村集体经济组织或者农民在集体土地上恢复或者建设湿地的责任主体。恢复或者建设湿地的根本目的在于改善农村生态环境，而非开展生产经营活动。乡集体经济组织包括镇(街)集体经济经营实体(如公司、联合社等)村经济合作社、村股份经济合作社、自然村组经济实体、农民专业合作社、专业农场(庄)、其他合伙农村企业等。《中华人民共和国土地管理法》第八条规定“农村和城市郊区的土地，除由法律规定属于国家所有的以外，属于农民集体所有；宅基地和自留地、自留山，属于农民集体所有”。而第十五条规定“国有土地可以由单位或者个人承包经营，从事种植业、林业、畜牧业、渔业生产”。因而，在集体土地上恢复或者建设湿地，可由集体经济组织的成员，也可由集体经济组织以外的单位或者个人开展。因此，在本条例中提出支持村集体经济组织或者农民在集体土地上恢复或者建设湿地，改善农村生态环境。

在北京市新农村建设过程中，涌现出了一批采用生态技术手段建设人工湿地处理农村生活污水的乡镇，如房山区窦店镇、密云区古北口镇等。此外，2016 年国土资源部发布《土地利用总体规划纲要(2006—2020 年)调整方案》，到 2020 年北京市保有耕地由 21.47 万公顷降为 11.07 万公顷，减少了 48.5%。这为减少耕地、增加生态用地提供了保障。

相关规定

《中华人民共和国土地管理法》；《土地利用总体规划纲要(2006—2020 年)调整方案》；《北京市新农村"五项基础设施"建设规划》。

第三章

管理和利用

第十六条　本市对湿地实行分级分类保护，按照湿地生态功能和环境效益的重要性，将湿地分为国家重要湿地、市级湿地、区县级湿地和一般湿地，并对国家重要湿地、市级湿地和区县级湿地采取设立湿地自然保护区、湿地公园、湿地自然保护小区等方式予以保护。

条文主旨

本条规定了北京市湿地分级体系和湿地保护管理体系。

立法背景

将湿地分为国家重要湿地、市级湿地、区县级湿地和一般湿地，是湿地分级管理的重要内容。国际上很早就将湿地分级管理纳入湿地资源日常管理当中，并在国际《湿地公约》中使用。截止到2019年12月，签订该公约的成员国达到171个国家，共2300个国际重要湿地，总面积达到25亿公顷。在国内，2000年，由国家林业局牵头，外交部、国家计委、财政部、农业部、水利部等国务院17个部门共同发布了我国首部湿地保护纲领性文件《中国湿地保护行动计划》。《中国湿地保护行动计划》提出了我国的国家重要湿地名录，北京的密云水库湿地入选。目前，北京已经初步建立了湿地自然保护区、湿地公园和湿地自然保护小区的湿地保护管理体系。湿地分级分类管理已经成为我国乃至全球生态保护的重要内容之一。

条文解读

本条例与此后党中央、国务院以及国家林业局陆续发布的若干文件在湿地保护管理的理念上是一致的。2013年，国家林业局令第32号《湿地保护管理规定》第十一条："县级以上人民政府或者林业主管部门可以采取建立湿地自然保护区、湿地公园、湿地保护小区、湿地多用途管理区等方式，健全湿地保护体系，完善湿地保护管理机构，加强湿地保护"。《国务院办公厅关于印发湿地保护修复制度方案的通知》第二条规定："坚持全面保护、分级管理的原则，将全国所有湿地纳入保护范围，重点加强自然湿地、国家和地方重要湿地的保护与修复"。

一、确定湿地分级保护的原则，并提出划分国家重要湿地、市级湿地、区县级湿地和一般湿地的标准

本条首先提出了对湿地进行分级保护的划分标准，即按湿地生态功能和环境效益的重要性，具体的划分标准包括湿地生态系统的典型性、稀有性或脆弱程度、湿地的面积及其具有的生态学和水文学作用、重点保护或珍稀濒危物种对湿地的依赖程度，以及湿地具有的历史与文化研究价值。

2000年，《中国湿地保护行动计划》首先明确了国家重要湿地的标准，根据湿地功能和效益的重要性，凡符合下列任一标准被视为具有国家重要意义的湿地：①一个生物地理区湿地类型的典型代表或特有类型湿地。②面积≥10000公顷的单块湿地或多块湿地复合体并具有重要生态学或水文学作用的湿地系统。③具有濒危或渐危保护物种的湿地。④具有中国特有植物或动物种分布的湿地。⑤20000只以上水鸟度过其生活史重要阶段的湿地，或者一种或一亚种水鸟总数的1%终生或生活史的某一阶段栖息的湿地。⑥它是动物生活史特殊阶段赖以生存的生境。⑦具有显著的历史或文化意义的湿地。

地方重要湿地(省级、市级及区县级)指在生物多样性、生态完整性、生态系统功能等方面在省、市、县范围内具有重要意义的湿地。一般湿地指不具有典型意义或重要的科学研究和保护价值的普通湿地。北京市级湿地、区级湿地和一般湿地的划定标准参照《条例》第十七条。

二、确定北京市采取湿地自然保护区、湿地公园、湿地自然保护小区等多种湿地保护形式

目前，我国湿地保护管理形式主要包括湿地自然保护区、湿地公园和湿地

自然保护小区。2016 年颁布的国务院《湿地保护修复制度方案》将国家公园、水产种质资源保护区和海洋特别保护区等均纳入了湿地保护管理体系。丰富管理形式，有助于更加有针对性地保护湿地资源。

截至 2017 年年底，北京市已建立野鸭湖、汉石桥等 6 个湿地自然保护区，总面积 2. 11 万公顷，建立 10 处国家级和市级湿地公园，10 处湿地自然保护小区，总面积超过 0. 37 万公顷。北京市基本形成了以自然保护区为基础，湿地公园为主体，湿地自然保护小区为补充的湿地保护体系。对国家重要湿地、市级湿地和区县级湿地采取设立湿地自然保护区、湿地公园、湿地自然保护小区等方式予以保护，是湿地分类保护的重要体现。对湿地进行分级分类管理，对湿地具体状况进行分析，可以在湿地全面保护的基础上突出重点，有利于不同湿地保护目标的实现。

相关规定

《关于特别是作为水禽栖息地的国际重要湿地公约》；《湿地保护管理规定》（国家林业局令第 32 号）；《中国湿地保护行动计划》；《国务院办公厅关于印发湿地保护修复制度方案的通知》（国办发〔2016〕89 号）；《中华人民共和国自然保护区条例》。

第十七条　本市对国家重要湿地、市级湿地和区县级湿地实行名录管理。

国家重要湿地名录按照国家有关规定确定并公布。市级湿地名录由市园林绿化行政部门会同市水务、农业行政部门提出，报市人民政府批准后公布。区县级湿地名录由区县园林绿化行政部门会同区县水务、农业行政部门提出，报区县人民政府批准后公布。

湿地名录应当明确湿地的名称、类型、管理机构或者责任单位、保护管理部门等事项。

湿地名录的确定应当征求规划行政主管部门的意见。

条文主旨

本条规定了北京市湿地分级管理的方式、湿地名录的提出办法，以及列入名录的湿地应明确的内容。

立法背景

制定名录进行湿地保护这种管理形式传承于国际《湿地公约》。其第二条规定每个缔约国应指定其领土内适当湿地列入《国际重要湿地名录》。一块湿地列入《国际重要湿地名录》后能够提高其国际声誉，并使政府有责任采取一切必要的措施以确保该湿地的特殊生态属性能够得以维持。制定湿地名录是开展北京市湿地保护的基础工作，将有助于强化管理约束，扩大社会监督。

2016 年 7 月，北京市政府办公厅〔2016〕35 号公布了第一批市级湿地名录，北京市的湿地自然保护区、湿地公园、大中型水库和市属公园湖泊等 35 块重要湿地列入其中，占全市湿地总面积的 32.8%。

条文解读

一、 对不同级别的湿地分别实行名录管理

本条第二款规定：对国家重要湿地名录按照国家有关规定确定并公布。2000 年，由国家林业局牵头，外交部、国家计委、财政部、农业部、水利部等国务院 17 个部门共同发布了我国首部湿地保护纲领性文件《中国湿地保护行动计划》，其中提出了我国的国家重要湿地名录，一共包含 173 块湿地，北京的密云水库湿地入选。

二、市区两级湿地名录由相应级别的园林绿化行政部门会同水务、农业行政部门提出，报人民政府批准后公布

本条款遵循《条例》第六款“本市实行综合协调、分部门实施的湿地保护管理体制”，园林绿化行政部门和水务、农业行政部门是湿地保护管理部门，负责湿地名录的提名和制定工作，人民政府负责权限内湿地名录及保护范围的批准。本条款也与此后党中央、国务院以及国家林业局相继发布的若干文件保持高度一致。2013 年国家林业局令第 32 号《湿地保护管理规定》第十四条“县级以上地方人民政府林业主管部门会同同级人民政府有关部门划定地方重要湿地，并向社会公布。地方重要湿地和一般湿地的管理办法由省、自治区、直辖市制定”。《国务院办公厅关于印发湿地保护修复制度方案的通知》第四条规定：“建立湿地分级体系。根据生态区位、生态系统功能和生物多样性，将全国湿地划分为国家重要湿地(含国际重要湿地)、地方重要湿地和一般湿地，列入不同级别湿地名录，定期更新”。

三、湿地名录应当明确湿地的名称、类型、管理机构或者责任单位、保护管理部门等事项

本条第三款规定了湿地名录应该说明的内容，包括湿地的名称、类型、管理机构或责任单位，以及保护管理部门，这就明确了湿地名录内各块湿地的具体管理责任，加强了对每块湿地有针对性的保护(如下表所示)。

北京市第一批市级湿地名录表

序号	湿地名称	湿地类型	保护范围	管理机构 (责任单位)	保护管理部门
1	野鸭湖市级湿地自然保护区	沼泽、库塘、河流	北至张山营镇区域，南至大王庄村，西至河北省界(位于大官厅水库西部)，东至延庆镇妫水西湖东界	北京延庆野鸭湖湿地自然保护区管理处	北京市园林绿化局 北京市延庆区园林绿化局
2	汉石桥市级湿地自然保护区	沼泽、库塘	北至顺平路，南至潮华路，西至李木路，东至木燕路	北京市顺义区汉石桥湿地自然保护区管理办公室	北京市园林绿化局 北京市顺义区园林绿化局

（续）

序号	湿地名称	湿地类型	保护范围	管理机构（责任单位）	保护管理部门
3	拒马河市级水生野生动物自然保护区	河流	北至与河北省交界的琅琊河大桥，南至与河北省交界界的张坊大桥	北京市房山区拒马河水生野生动物自然保护区管理所	北京市农业局 北京市房山区农业局 北京市房山区水务局
4	怀沙、怀九河市级水生野生动物自然保护区	河流	怀沙河、怀九河由源头至进水入怀柔水库，全长80余千米	北京市怀柔区水生野生动物保护区管理站	北京市农业局 北京市怀柔区农业局 北京市怀柔区水务局
5	翠湖国家城市湿地公园	库塘	北至翠湖北路，南至南沙河西路，西至稻香湖路，东至绿水亭北路	北京市海淀区翠湖湿地公园管理处	北京市园林绿化局 北京市海淀区园林绿化局
6	门头沟雁翅九河湿地公园	河流	北至珠窝水库大坝，南至下马岭村，全场20千米	北京市门头沟区雁翅镇人民政府	北京市园林绿化局 北京市门头沟区园林绿化局 北京市门头沟区水务局
7	房山长沟泉水国家湿地公园	河流、库塘	分为北中南三部分，由河道连接。公园北部北至北泉水河泉眼源头，南至云居寺公路，西至南水北调线，东至房易路。中部由现有的圣泉公园连接。南部包括北良各庄村、东良各庄村、南良各庄村至长沟镇界	北京市房山区长沟镇人民政府	北京市园林绿化局 北京市房山区园林绿化局 北京市房山区水务局
8	大兴长子营湿地公园	坑塘	北至长子营镇域边界，南至凤港河减河，西至京津塘高速路，东至长子营镇域边界	北京市大兴区长子营镇人民政府	北京市园林绿化局 北京市大兴区园林绿化局
9	平谷马坊小龙河湿地公园	河流	北至规划四路，南至联络线，西至河北村居民点，东至小龙河汇入洵河处，全长约7千米	北京市平谷区马坊镇人民政府	北京市园林绿化局 北京市平谷区园林绿化局 北京市平谷区水务局
10	怀柔琉璃庙湿地公园	河流	北至郭家火房与狼虎哨村间的白河水域，南至八亩地村河北村交界处，全长约33千米	北京市怀柔区琉璃庙镇人民政府	北京市园林绿化局 北京市怀柔区园林绿化局 北京市怀柔区水务局

（续）

序号	湿地名称	湿地类型	保护范围	管理机构（责任单位）	保护管理部门
11	怀柔汤河口湿地公园	河流	汤河口镇镇域内的白河、汤河段，总长约30千米	北京市怀柔区汤河口镇人民政府	北京市园林绿化局 北京市怀柔区园林绿化局 北京市怀柔区水务局
12	密云穆家裕红门川湿地公园	河流	红门川河沙场水库下游，经邓家湾入潮河区段，全长6.7千米	北京市密云区穆家峪镇人民政府	北京市园林绿化局 北京市密云区园林绿化局 北京市密云区水务局
13	颐和园湿地	湖泊	包含公园内昆明湖、西湖和南湖	北京市颐和园管理处	北京市园林绿化局
14	玉渊潭公园湿地	湖泊	包含玉渊潭东湖和西湖	北京市玉渊潭公园管理处	北京市园林绿化局
14	紫竹院公园湿地	湖泊	包含公园内大湖、南北小湖、筠石苑水面、紫竹垂钓、双子渠等	北京市紫竹院公园管理处	北京市园林绿化局
16	陶然亭公园湿地	湖泊	包含公园内西湖、东湖、南湖等	北京市陶然亭公园管理处	北京市园林绿化局
17	北海公园湿地	湖泊	公园内北海	北京市北海公园管理处	北京市园林绿化局
18	斋堂水库	库塘	470米高程以内	北京市永定河管理处	北京市水务局
19	永定河滞洪水库	库塘	61.21米高程以内	北京市永定河管理处	北京市水务局
20	大宁水库	库塘	内堤肩以内	北京市永定河管理处	北京市水务局
21	崇青水库	库塘	77.15米高程以内	房山区崇青水库管理所	北京市水务局 北京市房山区水务局
22	天开水库	库塘	92.70米高程以内	房山区天开水库管理所	北京市水务局 北京市房山区水务局
23	十三陵水库	库塘	103米高程以内	北京市十三陵水库管理处	北京市水务局
24	桃峪口水库	库塘	73.60米高程以内	北京市昌平区桃峪口水库管理处	北京市水务局 北京市昌平区水务局
25	海子水库	库塘	118.03米高程以内	北京市平谷区海子水库管理处	北京市水务局 北京市平谷区水务局

(续)

序号	湿地名称	湿地类型	保护范围	管理机构（责任单位）	保护管理部门
26	黄松峪水库	库塘	205.90 米高程以内	北京市平谷区黄松峪水库管理处	北京市水务局 北京市平谷区水务局
27	西峪水库	库塘	219.95 米高程以内	北京市平谷区西峪水库管理处	北京市水务局 北京市平谷区水务局
28	怀柔水库	库塘	64.13 米高程以内	北京市京密引水管理处	北京市水务局
29	大水峪水库	库塘	175.70 米高程以内	北京市怀柔区大水峪水库管理处	北京市水务局 北京市怀柔区水务局
30	北台上水库	库塘	91.50 米高程以内	北京市怀柔区北台上水库管理处	北京市水务局 北京市怀柔区水务局
31	沙厂水库	库塘	169.30 米高程以内	北京市密云区沙厂水库管理处	北京市水务局 北京市密云区水务局
32	遥桥峪水库	库塘	469.78 米高程以内	北京市密云区遥桥峪水库管理处	北京市水务局 北京市密云区水务局
33	半城子水库	库塘	259.05 米高程以内	北京市密云区半城子水库管理处	北京市水务局 北京市密云区水务局
34	白河堡水库	库塘	601.60 米高程以内	北京市延庆区白河堡水库管理处	北京市水务局 北京市延庆区水务局
35	密云水库*	库塘	160.00 米高程以内	北京市密云水库管理处	北京市水务局

*其中密云水库列入国家重要湿地名录

四、 湿地名录的确定应当征求规划行政主管部门的意见

在湿地名录的制定过程中，还需要考虑湿地保护与国民经济和社会发展计划之间的协调性，只有将湿地保护工作纳入到经济和社会发展计划中，并与土地利用、水资源利用、环境保护等规划相衔接，才能保证湿地规划的科学性和可行性。本条款也遵循《中华人民共和国城市规划法》第二十九条规定：“城市规划区内的土地利用和各项建设必须符合城市规划，服从规划管理。”

相关规定

《关于特别是作为水禽栖息地的国际重要湿地公约》；《湿地保护管理规定》(国家林业局令第32号)；《中华人民共和国城市规划法》；《国务院办公厅关于印发湿地保护修复制度方案的通知》(国办发〔2016〕89号)；《中国湿地保护行动计划》。

第十八条　本市面积8公顷以上的湿地，应当列入湿地名录。

符合下列条件之一的，应当列入市级湿地名录：

(一)河流湿地、湖泊湿地和沼泽湿地；

(二)库容量在1000万立方米以上的库塘湿地；

(三)具有重要的人文、科学研究和宣传教育价值的湿地；

(四)具有生态系统典型性和代表性的湿地。

条文主旨

本条规定了纳入湿地名录管理的标准。

立法背景

2003年我国完成了首次全国湿地资源调查，当时的起调面积为100公顷，由于考虑到8公顷左右的湿地生态系统的稳定性较差，易遭到破坏而消失，因此没有统计8～100公顷的湿地。国家林业局于2013年完成了第二次全国湿地资源调查。为了和《湿地公约》以及国际统计数据接轨，第二次调查确定起调面积为8公顷(含8公顷)以上的近海与海岸湿地、湖泊湿地、沼泽湿地、人工湿地以及宽度10米以上、长度5千米以上的河流湿地，开展了湿地类型、面积、分布、植被和保护状况调查。因而，本条例规定本市面积 8 公顷以上的湿地，应当列入湿地名录。

根据第二次全国湿地资源调查结果，北京市共计有季节性或间歇性河流 151 处、永久性河流 22 处、沼泽湿地 3 处、库塘湿地 109 处。

条文解读

本条规定了湿地名录的列入标准。本市面积 8 公顷以上的湿地，应当列入湿地名录。8 公顷是《湿地公约》在其“湿地类型分类系统”中纳入统计的湿地的最小面积。按本条例第十七条湿地分级管理的规定，进一步明确凡符合“(一)河流湿地、湖泊湿地和沼泽湿地；(二)库容量在 1000 万立方米以上的库塘湿地；(三)具有重要的人文、科学研究和宣传教育价值的湿地；(四)具有生态系统典型性和代表性的湿地”条件之一的，应当列入市级湿地名录。

《湿地分类》已对河流湿地、湖泊湿地和沼泽湿地、库塘湿地等进行了界定。河流湿地是围绕自然河流水体而形成的河床、河滩、洪泛区、冲积而成的三角洲、沙洲等自然体的统称。湖泊湿地是由地面上大小形状不一、充满水体的自然洼地组成的湿地。沼泽湿地是具有以下 3 个基本特征的自然综合体：①受淡水、咸水或盐水的影响，地表经常过湿或有薄层积水；②生长沼生和部分湿生、水生或盐生植物；③有泥炭积累或尽管无泥炭积累，但在土壤层中具有明显的潜育层。库塘湿地是以蓄水和发电为主要功能建造的人工湿地。

河流湿地、湖泊湿地和沼泽湿地都为天然湿地，库容量在 1000 万立方米以上的库塘湿地属中型水库，对保障北京市生态安全十分重要，因而被全部列入市级湿地名录。北京市建城3000 余年、建都800 余年，很多湿地虽然面积较小，但具有丰厚的历史、文化积淀，如什刹海、颐和园、昆明湖等。因而具有重要的人文、科学研究和宣传教育价值的湿地也应列入市级湿地名录。

第十九条　列入名录的湿地应当划定保护范围。保护范围由市或者区、县园林绿化行政部门会同同级水务、农业行政部门，按照维护湿地生态系统的整体性、联通性、稳定性及保护相关权利人利益的原则提出建议，经征求规划行政主管部门意见后，报市或者区、县人民政府批准后公布。

根据国家和本市河湖保护管理规定划定的河湖管理范围和保护范围，可以作为列入名录的河湖湿地的保护范围。

条文主旨

本条规定了列入名录湿地保护范围的划分标准和提出程序。

立法背景

划定湿地保护范围是对具体湿地开展保护的必要前提。《生态文明体制改革总体方案》第十五条要求：市县空间规划要统一土地分类标准，根据主体功能定位和省级空间规划要求，划定生产空间、生活空间、生态空间，明确城镇建设区、工业区、农村居民点等的开发边界，以及耕地、林地、草原、湿地等的保护边界，加强对城市地下空间的统筹规划。

条文解读

作为责任主体，市园林绿化行政部门应会同同级水务、农业行政部门确定湿地保护范围。划定湿地保护范围的原则是为维护湿地生态系统的整体性、联通性、稳定性及保护相关权利人利益。划定湿地保护范围的程序为由市或者区园林绿化行政部门会同同级水务、农业行政部门提出建议，经征求规划行政主管部门意见后，报市或者区、县人民政府批准后公布。

本条也明确了本《条例》与相关河湖管理规定的关系，列入名录的河湖湿地的保护范围可以参照国家和本市河湖保护管理规定划定的管理范围和保护范围。《北京市河湖保护管理条例》第十七条规定："本市各级人民政府应当按照河湖治理及保护管理规划要求划定河湖管理范围和保护范围。水库、塘坝、人工水道和其他水工程及附属的土地、山场属于该工程的管理范围"。本《条例》关于河湖类湿地保护范围的规定，充分考虑了与北京市管理现状和法规之间的衔接。

相关规定

《北京市河湖保护管理条例》；《生态文明体制改革总体方案》。

第二十条　湿地保护管理部门应当在列入名录的湿地设立保护标志，标明湿地的名称、类型、保护级别、保护范围、管理机构或者责任单位、保护管理部门。保护标志的样式由市园林绿化行政部门根据国家规定统一制定。

任何单位和个人不得损毁、涂改、擅自移动湿地保护标志。

条文主旨

本条规定了列入名录的湿地其保护标志设置和管理要求。

立法背景

湿地保护标志作为一种明显的警示措施，对宣传教育和警示湿地周边居民等具有重要作用，可以避免不必要的破坏湿地的违法行为发生。因此，保持湿地保护标志的内容完整性和位置准确度等是十分必要的。

湿地保护标识的设立，不仅可以发挥告知、宣传和警示的作用，还有利于加大湿地保护工作的宣传力度，提高全社会湿地保护的意识。标识介绍了受到保护的湿地的名称和类型，对相应的湿地知识进行了科学普及，同时提示人们湿地的保护级别和保护范围等，提醒人们在湿地保护范围内谨慎行为。

条文解读

本条规定设立湿地保护标志的责任部门为湿地保护管理部门。湿地保护标志应包括："湿地的名称、类型、保护级别、保护范围、管理机构或者责任单位、保护管理部门"。保护标志的样式由市园林绿化行政部门根据国家规定统一制定。湿地设立的保护标志根据实际需要可分为界碑或界桩。"任何单位和个人不得损毁、涂改、擅自移动湿地保护标志"明确了湿地保护标志的权威性。

相关规定

《中国人民共和国自然保护区条例》；《湿地保护管理规定》（国家林业局令第 32 号）；《北京市湿地公园管理暂行办法》（京绿法发〔2011〕10 号）。

第二十一条　珍稀濒危野生动植物物种集中分布地、鸟类主要繁殖栖息地或者重要迁徙停歇地等具有生态系统典型性和代表性的湿地，应当设立湿地自然保护区。

湿地自然保护区的设立和管理，应当遵守国家有关自然保护区的规定和本条例。

条文主旨

本条规定了设立湿地自然保护区的标准和管理要求。

立法背景

野生动植物是湿地生态系统的重要组成部分，是湿地的核心特征。《湿地公约》强调湿地作为水禽赖以存活的生境的重要性。我国现行法律中，《中华人民共和国野生动物保护法》《中华人民共和国环境保护法》《中华人民共和国野生植物保护条例》和《中华人民共和国自然保护区条例》等都与野生动植物及生物多样性保护有关。《中华人民共和国自然保护区条例》明确规定了建立自然保护区需满足的条件。这些条件主要包括了：①典型的自然地理区域、有代表性的自然生态系统区域以及已经遭受破坏但经保护能够恢复的同类自然生态系统区域；②珍稀、濒危野生动植物物种的天然集中分布区域；③具有特殊保护价值的海域、海岸、岛屿、湿地、内陆水域、森林、草原和荒漠；④具有重大科学文化价值的地质构造、著名溶洞、化石分布区、冰川、火山、温泉等自然遗迹；⑤经国务院或者省、自治区、直辖市人民政府批准，需要予以特殊保护的其他自然区域。

1996 年 11 月，北京市政府率先批准建立了房山区拒马河市级水生野生动物自然保护区和怀柔区怀沙怀九河市级水生野生动物自然保护区。1997 年 7 月，延庆县政府批准成立了北京野鸭湖湿地保护区；1999 年 12 月，经市政府批准该保护区升级成为市级自然保护区。北京野鸭湖湿地自然保护区为官厅水库延庆辖区水系以及海拔 485 米以下环湖滩涂组成的湖泊湿地，也是北京重要的湿地候鸟保护区。1999 年 12 月市政府还批准建立了延庆金牛湖和白河堡水库县级自然保护区，2005 年批准建立了顺义汉石桥市级湿地自然保护区。

条文解读

本条规定设立湿地自然保护区的标准为“珍稀濒危野生动植物物种集中分布地、鸟类主要繁殖栖息地或者重要迁徙停歇地等具有生态系统典型性和代表性的湿地”，明确了设立自然保护区的条件。

《中华人民共和国自然保护区条例》第二条规定："自然保护区，是指对有代表性的自然生态系统、珍稀濒危野生动植物物种的天然集中分布区、有特殊意义的自然遗迹等保护对象所在的陆地、陆地水体或者海域，依法划出一定面积予以特殊保护和管理的区域"。《自然保护区类型与级别划分原则》定义内陆湿地和水域生态系统类型自然保护区为以水生和陆栖生物及其生境共同形成的湿地和水域生态系统作为主要保护对象的自然保护区。

"湿地自然保护区的设立和管理，应当遵守国家有关自然保护区的规定和本条例"，此款明确了本条例与相关自然保护区规定的关系。《中华人民共和国自然保护区条例》第十二条规定，"国家级自然保护区的建立，由自然保护区所在的省、自治区、直辖市人民政府或者国务院有关自然保护区行政主管部门提出申请，经国家级自然保护区评审委员会评审后，由国务院环境保护行政主管部门进行协调并提出审批建议，报国务院批准。地方级自然保护区的建立，由自然保护区所在的县、自治县、市、自治州人民政府或者省、自治区、直辖市人民政府有关自然保护区行政主管部门提出申请，经地方级自然保护区评审委员会评审后，由省、自治区、直辖市人民政府环境保护行政主管部门进行协调并提出审批建议，报省、自治区、直辖市人民政府批准，并报国务院环境保护行政主管部门和国务院有关自然保护区行政主管部门备案。跨两个以上行政区域的自然保护区的建立，由有关行政区域的人民政府协商一致后提出申请，并按照前两款规定的程序审批"。

相关规定

《中华人民共和国自然保护区条例》；《自然保护区类型与级别划分原则》(GB/T 14529—93)。

第二十二条　具有一定规模和景观价值，适宜开展生态展示、科普教育、生态旅游等活动的湿地，可以设立湿地公园。

市级湿地公园的设立，由所在地区县园林绿化行政部门提出申请，报市园林绿化行政部门批准。区县级湿地公园的设立，由所在地区县园林绿化行政部门决定。

湿地公园应当划分为湿地保育区、生态功能展示体验区和管理服务区等，实行分区管理。在保育区内只能开展保护、监测等必需的湿地生态系统保护活动；在生态功能展示体验区内只能开展以生态展示、科普教育和生态旅游为主的活动；在管理服务区内可以开展管理和服务等活动。

条文主旨

本条规定了设立湿地公园的标准和管理要求。

立法背景

《北京市公园条例》于 2002 年 10 月 17 日北京市第十一届人民代表大会常务委员会第三十七次会议通过，当时尚未明确湿地公园的概念。2004 年，国务院办公厅发出的《关于加强湿地保护管理的通知》首次提出，湿地保护属于社会公益事业，鼓励全社会共同参与湿地保护。在不具备建立自然保护区条件的湿地区域，也要因地制宜，采取建立湿地公园等多种形式加强保护管理，扩大湿地面积，提高保护成效。2005 年《国家林业局关于做好湿地公园发展建设工作的通知》进一步明确：湿地公园是国家湿地保护体系的重要组成部分，与湿地自然保护区、保护小区、湿地野生动植物保护栖息地以及湿地多用途管理区等共同构成了湿地保护管理体系。建设湿地公园，既有利于调动社会力量参与湿地保护与可持续利用，又有利于充分发挥湿地多种功能效益，同时满足公众需求和社会经济发展的要求。

条文解读

湿地公园是指拥有一定规模和范围，以湿地景观为主体，以湿地生态系统保护为核心，兼顾湿地生态系统服务功能展示、科普宣教和湿地合理利用示范，蕴涵一定文化或美学价值，可供人们进行科学研究和生态旅游，予以特殊保护和管理的湿地区域。发展建设湿地公园是落实国家湿地分级分类保护管理策略的一项具体措施，也是兼顾湿地保护与合理利用的有效途径之一。

本条规定设立湿地公园的标准为："具有一定规模和景观价值，适宜开展生态展示、科普教育、生态旅游等活动的湿地"。设立市级湿地公园的程序为：由所在地区园林绿化行政部门提出申请，报市园林绿化行政部门批准。区级湿地公园的设立，直接由所在地区园林绿化行政部门决定。

《北京市级湿地公园建设规范》规定：湿地公园的建设应按照湿地本身及周边的具体情况分区建设，一般应包括湿地保育区、湿地生态功能展示体验区和服务管理区等区域。本条例规定湿地公园实行分区管理，应当划分为湿地保育区、生态功能展示体验区和管理服务区等。在保育区内只能开展保护、监测等必需的湿地生态系统保护活动。在生态功能展示体验区内只能开展以生态展示、科普教育和生态旅游为主的活动。在管理服务区内可以开展管理和服务等活动。

2013 年，国家林业局令第 32 号《湿地保护管理规定》第十一条："县级以上人民政府或者林业主管部门可以采取建立湿地自然保护区、湿地公园、湿地保护小区、湿地多用途管理区等方式，健全湿地保护体系，完善湿地保护管理机构，加强湿地保护"。第二十条："以保护湿地生态系统、合理利用湿地资源、开展湿地宣传教育和科学研究为目的，并可供开展生态旅游等活动的湿地，可以建立湿地公园。湿地公园分为国家湿地公园和地方湿地公园"。《国务院办公厅关于印发湿地保护修复制度方案的通知》第六条要求："完善保护管理体系。国务院湿地保护管理相关部门指导全国湿地保护修复工作。地方各级人民政府湿地保护管理相关部门指导本辖区湿地保护修复工作。对国家和地方重要湿地，要通过设立国家公园、湿地自然保护区、湿地公园、水产种质资源保护区、海洋特别保护区等方式加强保护，在生态敏感和脆弱地区加快保护管理体系建设”。截至2018年年底，北京市已经建成湿地公园11处。

相关规定

《国家林业局关于做好湿地公园发展建设工作的通知》(林护发〔2005〕118号)；《关于加强湿地保护管理的通知》(国办发〔2004〕50号)；《关于加强湿地保护管理的通知》(国办发〔2004〕50号)；《国务院办公厅关于印发湿地保护修复制度方案的通知》(国办发〔2016〕89号)；《北京市级湿地公园建设规范》(DB11T 768—2010)。

第二十三条　具有湿地自然保护区部分特征，但面积较小、不适宜设立湿地自然保护区或者湿地公园的湿地，可以设立湿地自然保护小区。

湿地自然保护小区的设立，由所在地区县园林绿化行政部门提出申请，报市园林绿化行政部门会同市水务、农业行政部门批准。

在湿地自然保护小区内只能开展科学实验和保护、监测等必需的湿地生态系统保护活动。

条文主旨

本条是关于北京市湿地自然保护小区设立条件、设立步骤及管理要求的规定。

立法背景

在国家层面，自然保护小区同自然保护区一样，也是我国湿地保护管理体系的重要组成部分，是对自然保护区的延伸和补充。相比自然保护区，自然保护小区具有占地面积小、设置程序简单、管理灵活便捷、保护对象针对性强等优点。对于一些达不到建立自然保护区标准，但又亟待保护的目标，建立自然保护小区是最佳选择。由于长期的人类活动，北京市湿地资源的丧失和破碎化严重，除部分河流湿地外，大面积连续分布的自然湿地已经完全消失，单块面积较大的湿地以人工库塘为主，如密云水库、官厅水库等。北京市各行政区仍然分布有许多面积较小、人为干扰相对较小，但具有重要生态功能的湿地。面对湿地破碎化严重的现状，建设湿地自然保护小区对有效保护湿地及其生物多样性十分必要。2011 年，北京市将湿地自然保护小区建设列入《北京市“十二五”园林绿化发展规划》中。截至 2018 年年底，建立了延庆曹官营、密云清水河、房山拒马河等 10 个湿地保护小区。

条文解读

一、 湿地自然保护小区

自然保护小区是一类保护实体的称谓，它是指面积较小，由地方行政机关设定保护的自然区域，或者在自然保护区的主要保护区域以外划定的保护地段，以及在不具备建立自然保护区条件的区域建立自然保护小区。湿地保护小区的定义非常接近于 2008 年修订的最新版本的 IUCN 保护地分类体系中的类别Ⅳ：“栖息地/物种管理区域(habitat/species management area)”。其面积通常非常小，只能保护少数物种或者一个生态系统的碎片。

湿地自然保护小区已经成为北京市湿地保护体系的重要组成部分，也是服务于地方生态建设，需予以特殊保护管理的湿地区域。同时，也是保护地方重要湿地、水资源及野生动植物资源的有效措施。目前，北京已经初步形成了湿地自然保护区、湿地公园、湿地自然保护小区等组成的湿地保护体系。

二、具有湿地自然保护区部分特征，但面积较小、不适宜设立湿地自然保护区或者湿地公园的湿地，可以设立湿地自然保护小区

从生态价值和保护优先性方面来讲，只有濒危野生动植物种群或大量野生动物集群分布的特定区域，以及对这些区域有重要影响的周边区域，才能划入自然保护体系。作为自然保护体系的有效补充，应明确湿地自然保护小区设定的条件。本款确定的湿地自然保护小区设立条件包括三个方面：①具有湿地自然保护区的部分特征，即典型的自然地理区域、有代表性的湿地生态系统区域以及已经遭受破坏但经保护能够恢复的湿地生态系统区域，珍稀、濒危野生动植物物种的天然集中分布区域，具有特殊保护价值湿地和内陆水域等；②面积较小，不足以设立湿地自然保护区或者湿地公园的区域；③生态环境质量不能达到设立湿地自然保护区或者湿地公园的条件，或者建立湿地自然保护区或者湿地公园具有困难的区域。2013 年之后，我国很多关于湿地的法律法规等文件中，对湿地自然保护小区均有体现。如《湿地保护管理规定》(2013 年) 中第十一条明确将湿地自然保护小区作为湿地保护体系中的重要组成部分，要求完善其湿地保护管理机构。

三、湿地自然保护小区的设立，由所在地区县园林绿化行政部门提出申请，报市园林绿化行政部门会同市水务、农业行政部门批准

本款内容首先通过法律条文的形式明确了北京市湿地自然保护小区的法律地位，以及设立湿地自然保护小区采取的申请报批流程以及所涉及的相关部门。主要解决了三个层面的问题：第一，湿地自然保护小区的申报主体，应为所在地区县园林绿化行政部门；第二，湿地自然保护小区设立的法定批准单位为北京市园林绿化行政部门；第三，自然保护小区的设立过程中，北京市园林绿化行政部门应根据各自职责与市水务、农业行政部门通过会议，征求相关意见才能做出决定。

四、在湿地自然保护小区内只能开展科学实验和保护、监测等必需的湿地生态系统保护活动

本款内容明确了湿地自然保护小区内开展的活动，应以湿地生态系统保护为目标，包括科学实验、保护、监测，以及其他必需的活动。《中华人民共和国自然保护区条例》中规定自然保护区实行分区管理，在其核心区和缓冲区内只能开展科学研究活动和研究观测活动，但在实验区可以进行参观考察、旅游、野生动植物驯化等多种活动。湿地自然保护小区的管理与自然保护区存在一定差异。在本款中已明确北京市湿地自然保护小区以生态系统保护为目标，并不允许参观考察、旅游等任何利用行为。同时湿地自然保护小区内应禁止渔猎、采挖、引入外来物种和旅游等人为干扰、威胁湿地生态系统的行为。为了湿地自然保护小区得到充分的保护，本款规定对北京湿地自然保护小区的管理施行比自然保护区、湿地公园等更加严格的控制措施，严格限制人为干扰对其的影响。

相关规定

《中华人民共和国自然保护区条例》；《湿地保护管理规定》(国家林业局令第 32 号)；《北京市“十二五”园林绿化发展规划》。

第二十四条　列入名录的湿地的管理机构或者责任单位应当履行下列职责：

(一)贯彻执行有关湿地保护的法律、法规、规章和政策；

(二)制定并实施湿地保护管理工作制度；

(三)开展有关湿地资源调查并建立档案，组织湿地生态监测，及时分析监测结果，适时调整保护措施；

(四)组织实施湿地保护、恢复等建设工程；

（五）及时清理废弃的建筑物、构筑物等设施；

（六）制止破坏湿地的行为，并协助有关部门进行调查处理；

（七）组织开展生态展示、科普教育、生态旅游等活动；

（八）开展其他湿地保护活动。

条文主旨

该条是对本《条例》第十七条规定的延续，对列入名录湿地的管理机构或责任单位的职责进行了规定。

立法背景

本《条例》第十七条已经规定了“本市对国家重要湿地、市级湿地和区县级湿地实行名录管理”，北京市的密云水库湿地已被纳入国家重要湿地名录。列入名录的湿地可通过建立自然保护区、湿地公园和湿地自然保护小区等多种形式进行保护，也可通过园林绿化、水务、农业等不同行政部门进行管理。部分被列入名录的湿地因其处于不同管理部门的共同管理下，其管理的目标和方向不完全符合湿地保护的原则和要求，难以满足湿地统筹管理的需求。因此，应该在不打破现有管理体制情况下，对如何对其进行管理以及管理单位职责等进行明确要求，这是北京市湿地实施“全面保护”方针的一种具体落实。

条文解读

列入名录的湿地是指列入国家重要湿地、市级湿地和区级湿地名录的湿地区域。本《条例》第十六条规定了这些湿地可采取设立湿地自然保护区、湿地公园、湿地自然保护小区等方式予以保护。这些保护实体应建立或明确相应的管理机构，其管理机构或者责任单位的主要职责可以划分为政策执行、工作制度实施、湿地资源调查及建档、湿地保护恢复、废弃建筑物清理、制止破坏行为、开展科普宣教，以及其他湿地保护活动等8个方面。

其中，实施和执行的有关法律、法规、规章和政策包括《湿地保护管理规定》《中华人民共和国自然保护区条例》《中华人民共和国野生动物保护法》《中华人民共和国水法》《国务院办公厅关于加强湿地保护管理的通知》《国务院办公厅关于印发湿地保护修复制度方案的通知》《北京市湿地保护条例》《北京市地方级自然保护区调整管理规定》《北京市湿地公园管理暂行办法》《北京市园林绿化局关于贯彻落实北京市人民政府办公厅关于公布第一批市级湿地名录文件精神的通知》等。

制度建设是开展湿地保护管理的重要表征，也是湿地保护管理规范、有序、高效进行的基本保证。完善湿地保护管理制度建设的基本要求包括树立法治观念、坚持底线思考、进行系统设计、倡导创新探索等。调查和监测是掌握北京市湿地本底资料的重要措施，开展规范长期的湿地生态监测，有助于为湿地资源的保护、管理和合理利用提供统一完整、及时准确的基础资料和决策依据。湿地保护和恢复一般旨在改善湿地主要的环境功能，通过恢复生态结构与功能，实现水文调节、净化水质、创造和提供文化和休闲娱乐价值。

北京湿地行政管理部门应研究制定关于北京市重要湿地的管理办法、监测方案等管理制度文件，建立湿地生态调查监测、科普宣教和生态旅游等活动规范。湿地管理机构可以通过聘请管护人员，开展定期的管护和巡护，及时发现并制止违法开垦、占用、填埋以及污染湿地等破坏湿地的行为。跟踪了解群众和媒体反映的辖区破坏湿地资源事件有关情况，做到反应迅速、核实准确、督办到位、报告及时，促进湿地资源的有效保护。

相关规定

《湿地保护管理规定》(国家林业局令第32号)；《中华人民共和国自然保护区条例》；《中华人民共和国野生动物保护法》；《中华人民共和国水法》；《国务院办公厅关于加强湿地保护管理的通知》；《国务院办公厅关于印发湿地

保护修复制度方案的通知》(国办发〔2016〕89 号);《北京市湿地保护条例》;《北京市地方级自然保护区调整管理规定》;《北京市湿地公园管理暂行办法》(京绿法发〔2011〕10 号);《北京市园林绿化局关于贯彻落实北京市人民政府办公厅关于公布第一批市级湿地名录文件精神的通知》;《北京市实施〈中华人民共和国水法〉办法》;《国家林业局关于加强湿地保护坚决打击毁湿开垦等破坏湿地资源行为的通知》;《关于公布第一批市级湿地名录的通知》。

第二十五条　利用列入名录的湿地从事生态展示、科普教育、生态旅游等活动，应当符合湿地保护发展规划，不得超出湿地承载能力、改变湿地生态功能、破坏野生动植物生存环境。

条文主旨

本条是对《条例》第二十四条第七款的补充，对在列入名录的湿地内开展生态展示、科普教育、生态旅游等相关活动时应注意的事项和内容进行了规定。

立法背景

生态展示、科普教育、生态旅游等活动本是湿地合理利用的方式，能够促进湿地的保护。但由于人们湿地保护意识、管理水平或者利益驱使等多方原因，一些冠以生态展示、科普教育或生态旅游的活动，对湿地产生了较大的不良影响，甚至破坏了湿地。例如，单以营建湿地景观为目的修建水坝阻断了河流湿地的自然特性，以“亲水亲湿地”为目的而修建的各类栈桥通道深入到水鸟栖息地从而破坏了湿地生境。人为干扰压力较大，超出其承载能力，进而损害了其生态功能，导致了生物多样性丧失等。因此，列入名录的湿地，必须坚持生态优先，在不超出其承载力、改变湿地生态功能和破坏野生动植物生存环境基础上，开展有关利用活动。

条文解读

本条内容突出两个方面的要求：①在列入名录的湿地内开展的活动需要符合北京市及各区发布的湿地保护发展规划内容；②在列入名录的湿地内开展的活动不能超出湿地承载力、不能改变湿地生态功能、不能破坏野生动植物生存环境，体现了本《条例》生态优先、全面保护的原则。

湿地保护发展规划属于事前规划的重要内容，在现有湿地资源管理和保护等现状数据基础上，确定的未来保护发展蓝图。目前，北京市已制定了《北京市湿地保护行动计划》《北京市湿地保护工程规划(2001—2010 年)》《北京市湿地保护工程实施规划(2007—2010 年)》、《北京市湿地公园发展规划(2011—2020 年)》等。湿地管理必须以已有规划为基础，不能超出其范围，如已经列入湿地自然保护小区的湿地就不能开展科普教育、生态旅游等利用活动。

1921 年，人们在生态学领域首次使用了承载力的概念，其特定含义是指在某一环境条件下，某种生物个体可以存活的最大数量。随着全球范围内人口、经济、资源与环境等问题的日益突出，矛盾不断加剧，承载力的概念也随着发展并逐步应用到自然—社会系统中。环境承载力是指在一定生活水平和环境质量要求下，在不超出生态系统弹性限度条件下环境子系统能承纳的污染物数量，以及可支撑的经济规模与相应人口数量。超出湿地承载力后，势必造成其水资源短缺、水质恶化、湿地生态系统退化、湿地功能衰退等负面影响。

生态功能通常指的是生态系统服务，联合国千年生态系统评估工作组将生态系统服务定义为“人类从生态系统中获取的各种惠益，包括：食物和水等供给服务；调控洪灾、旱灾、土地退化和疾病等调节服务；土壤形成和养分循环等支持服务；以及娱乐、精神、宗教和其他非物质惠益等文化服务”。

各区在湿地利用过程中，应严格对照湿地保护发展规划的内容和要求，以实现科学开发、合理利用。在列入名录的湿地内开展生态展示、科普教育、生态旅游等等必要的活动时，应委托相关单位和部门开展工程项目的环境影响评价，重点对野生动植物及其生境的影响进行分析。

相关规定

《北京市湿地保护行动计划》;《北京市湿地保护工程规划(2001—2010年)》;《北京市湿地保护工程实施规划(2007—2010年)》;《北京市湿地公园发展规划(2011—2020年)》;《湿地保护管理规定》(国家林业局令第32号);《国家湿地公园管理办法(试行)》;《北京市湿地公园管理暂行办法》(京绿法发〔2011〕10号)。

第二十六条　水务行政部门在保障生活用水的前提下,应当合理调配水资源,充分利用雨洪水和再生水,维持湿地自然保护区、湿地公园和湿地自然保护小区的基本生态用水,维护湿地生态系统。

条文主旨

本条与《条例》第十四条内容相互呼应,规定了北京市湿地生态用水保障制度,明确了北京市湿地生态用水制度实施的责任单位,以及生态用水的来源等内容。

立法背景

生态用水是保障湿地生态环境质量至关重要的因素。20世纪70年代后,美国将生态环境用水列入地方法案中,规定了河流基流、河道内用水、河口三角洲等生态环境用水量限定值。英国实施取水许可过程,首先考虑河道生态用水是否得以满足,取水后剩余地表径流量必须大于生态基流量,否则不予批准取水或削减取水许可量,以保证河流生态系统不受损害。国内近年来也提出“在水资源配置中,要从不重视生态环境用水,转变为在保证生态环境用水的前提下，合理规划和保障社会经济的用水”。由于在生活、生产和生态用水的分配过程中，湿地生态用水始终处于弱势地位，一些水利工程建设和生产生活用水对湿地生态造成的影响常常被忽略，利用水资源时极少考虑湿地生态需水，造成湿地生态系统缺水。我国已有 15 块国际重要湿地由于缺水而面临着被列入国际《湿地公约》“黑名单”的巨大风险。

水资源短缺是北京市基本的市情水情，节约用水是首都经济可持续发展永恒的主题。尽管北京市有关水资源管理的法律、法规较多，但涉及保护生态与环境用水及其用水合理分配的并不多。目前，在生态水、生活水和生产水的矛盾冲突中，北京市没有法律法规保护生态环境用水。野生生物栖息、繁殖地以及湿地生态系统健康等得不到保障，导致生物多样性受损、湿地生态特征退化、环境遭受破坏。

近些年，北京的湖泊、河流等湿地持续出现严重缺水现象，一些湿地甚至出现连年缺水。湿地内的保有水量已经下降到湿地生态系统的最小维持水量，湿地生态系统不断退化，珍稀濒危野生动植物及其生境受到严重威胁。湿地水源补充已经成为决定湿地能否继续存在的关键要素。目前，北京市水务局将再生水资源用于海淀区、朝阳区部分区域的城市绿化、住宅冲厕等，以及河湖水系定期生态补水、换水。未来再生水将成为北京市重要的供水水源，将其作为生态用水，将有效缓解北京市生态用水压力，同时实现水资源再利用。

条文解读

一、 生态用水

广义的生态用水是指维持全球生物地理与生态系统水分平衡所需要的水量，包括水热平衡、生物平衡、水沙平衡、水盐平衡等所需用的水；狭义的生态用水是指为维护生态环境不再恶化并逐渐改善所需要消耗的水资源(包括地表水、地下水和土壤水量)。

二、 水务行政部门应该合理调配水资源， 保障基本生态用水

水务行政部门是水资源管理的主要部门，负责统一管理本市水资源(包括地表水、地下水、再生水、外调水)，职责范围包括：统筹本市城乡水资源的节约、保护和合理配置，促进水资源的可持续利用；加强应急水源地管理、再生水利用、污水处理和水资源循环利用等工作，保障供水安全。水务部门负责湿地生态用水的统筹管理与配置、调度工作。

三、充分利用雨洪水和再生水作为湿地生态用水的重要来源，进行湿地生态补水

由于绝大部分湿地与流域相连，湿地也就成为流域多余水量的容器和补充流域水量不足的水源地。随着北京市人口的不断膨胀，城市生活用水量迅速上升，工业用水量也在急剧增长。工业不仅用水量大，污水排放量也大，从而加剧了水资源的消耗，使得有限的水资源难以满足湿地补水的需要。因此，本条明确了充分利用雨洪水和再生水作为湿地生态用水的重要来源。

在开发利用水资源时，应当兼顾生产、生活与生态环境用水，但相关法律中并没有规定生态环境用水调配方案的制订以及水费的承担等问题。北京湿地保护应该设立生态补水制度，明确补水的类型，鼓励使用再生水、雨洪水等进行湿地生态补水。

雨洪水主要是因为在较短时间内较大强度的降雨或者持续强降雨而形成的洪水，雨洪水常常会造成山洪暴发或河水暴涨。再生水是指废水或雨水经适当处理后，达到一定的水质指标，满足某种使用要求，可以进行使用的水。而在水资源管理过程中，明确了北京市应优先保障湿地自然保护区、湿地公园和湿地自然保护小区的基本生态用水。北京市政府水务行政部门与气象、园林绿化等部门合作，在保障生活生产用水基础上，对北京市湿地自然保护区、湿地公园和湿地自然保护小区等主要湿地区域的水资源现状进行评估，计算不同湿地的生态需水量，在此基础上制定北京市主要湿地基本生态用水控制方案等。

相关规定

《中华人民共和国水法》;《中华人民共和国环境保护法》;《湿地保护管理规定》(国家林业局令第32号);《北京市实施〈中华人民共和国水法〉办法》。

第二十七条　列入名录的湿地，任何单位和个人未经批准不得擅自开垦、占用或者改变湿地用途。

列入名录的湿地因基础设施建设等特殊原因需要占用的，建设单位应当在办理建设项目规划审批手续前，先报湿地所在地的区、县人民政府；经湿地所在地的区、县人民政府同意后，向市湿地保护部门提出申请；市湿地保护部门通过论证会、听证会等形式广泛听取专家和公众意见后，对占用湿地申请提出处理意见，提交市湿地保护联席会议研究；经市湿地保护联席会议研究，不同意占用湿地的，由湿地保护部门书面告知建设单位并说明理由；经市湿地保护联席会议研究确需占用湿地的，由市湿地保护部门报经市人民政府同意后，建设单位方可办理规划审批手续；未经市人民政府同意占用湿地的，规划行政部门不予办理规划审批手续。

经批准占用列入名录的湿地的，建设单位应当按照湿地保护发展规划、国家和本市有关湿地保护的标准和技术规范，制定湿地恢复建设方案，经市湿地保护部门审核同意后，按照湿地恢复建设方案在指定地点补建不少于占用面积并具备相应功能的湿地；建设单位也可以委托湿地保护部门组织专业单位按照湿地恢复建设方案，在指定地点补建不少于占用面积并具备相应功能的湿地，费用由建设单位承担。

条文主旨

本条是对《条例》第十六条和第十七条的补充和扩展，规定了列入名录的湿地不得擅自开垦、占用或者改变用途，以及列入名录的湿地的占用审批制度，是最严格湿地保护制度的具体体现。

立法背景

为遏制湿地面积下降，各地积极探讨如何采取有效措施进行湿地恢复或重建。其中最有代表性的就是湿地“零净损失”目标理论，这一目标的含义被解释为：任何地方的湿地都应该尽可能地受到保护，转换成其他用途的湿地数量必须通过恢复的方式加以补偿，从而保持甚至增加湿地资源基数。由于北京湿地保护起步较晚，保护资金缺乏，加之人们对湿地功能认识不足，北京湿地仍面临着巨大压力和严重威胁。面临的主要问题为城市化和工业化进程导致湿地被大规模地围垦和改造，湿地面积持续减少。

北京历史上湿地面积曾占到全市总面积的15%，截止到第二次湿地资源调查，北京湿地仅有5.14万公顷，占全市总面积的3.13%。此外，北京主要湖泊、河流及其周边几乎均进行了旅游开发和工程项目建设，天然湿地越来越少。北京作为国家首都，区位独特，湿地生态功能突出，湿地一旦被占用将难以恢复，进而威胁到首都生态安全。随着工业化程度的提高和城市化进程的加快，近些年北京市局部占用湿地的事件屡有发生。因此，减少湿地的占用量、遏制湿地面积减小已经成为当前北京湿地管理工作的关键任务。为了全面保护湿地，更好地发挥湿地的生态功能，实现本市湿地面积总量不减少的目标，必须实行最严格的湿地保护管理制度。

条文解读

一、禁止任何单位和个人擅自开垦、占用列入名录的湿地或者改变其用途

本《条例》第十七条已经规定了“本市对国家重要湿地、市级湿地和区县级湿地实行名录管理”，该名录包括国家重要湿地、市级湿地和区县级湿地等。本条是对其实行湿地名录管理制度内容的进一步延续。本款明确禁止任何单位和个人在划入名录的湿地内开展未经批准的开垦、占用或者改变湿地用途的行为。这就要求对于一些涉及这些湿地的机场、铁路、公路、水利水电、围堰等工程建设项目必须经过审核批准后才能占用相关湿地，体现了北京市最严格的湿地保护制度要求。开垦一般是指对未利用土地（如各类荒山、荒地、荒滩、荒水等），采取工程措施、生物措施或综合措施，使其改造成为以种植、养殖为主的可持续性利用的农用土地的生产实践活动。

本款规定与《中华人民共和国水法》第三十七条具有很好的衔接性和一致性，该法提出“其禁止在江河、湖泊、水库、运河、渠道内弃置、堆放阻碍行洪的物体和种植阻碍行洪的林木及高秆作物；禁止在河道管理范围内建设妨碍行洪的建筑物、构筑物以及从事影响河势稳定、危害河岸堤防安全和其他妨碍河道行洪的活动”。

二、对列入名录的湿地占用程序进行了严格的制度设计和要求，保障湿地总量不减少

本《条例》相较于《湿地保护管理规定》第三十二条“工程建设应当不占或者少占湿地。确需征收或者占用的，用地单位应当依法办理相关手续，并给予补偿”的规定更加细化，明确了占用湿地严格的审批程序。

同时，本款对列入名录的湿地占用程序进行了严格的制度设计，增加了湿地使用、占用的难度，提出了“项目严格控制、前期四级把关、后期恢复补建”的制度框架。只有因基础设施建设等特殊原因必须占用湿地时，才能占用湿

地。占用湿地，要先后经过湿地所在地区人民政府、市湿地保护部门、市湿地保护联席会议、市政府四级审查。

前置审批政策要对位于保护区范围内和环评影响范围内有湿地的项目进行审批。这些建设项目启动环评环节前，要对湿地占用审批，为湿地保护加装了一道有效的保护墙。

三、对湿地恢复建设方案中指定地点补建湿地进行了要求

经批准占用的湿地，建设单位要按照本市湿地保护规划，在指定地点补建不少于占用面积并具备相应功能的湿地。此条与《国务院办公厅关于印发湿地保护修复制度方案的通知》的要求是密不可分的，要求实行湿地保护目标责任制。经批准征收、占用湿地并转为其他用途的，用地单位要按照“先补后占、占补平衡”的原则，负责恢复或重建与所占湿地面积和质量相当的湿地，确保湿地面积不减少。

所谓湿地“占补平衡”，就是说如果要征用一定的湿地土地，就必须先储备一定的湿地。按照“占一亩补一亩”的原则，在保证湿地总量不变的前提下，才能征用湿地。遵循“谁占用、谁恢复，占用多少、恢复多少”的原则。湿地占用平衡是在保证数量不减的基础上确保湿地质量和生态环境的稳步提高。因此，总量平衡和维持原有生态功能是湿地“占补平衡”的核心。由于湿地资源的有限性和经济发展连续性，为保证北京生态安全，必须寻找新的湿地保护对策。“占补平衡”思想的提出，是解决这一矛盾的出路，其实质就是建立一种有效的湿地补偿制度。占补平衡是切实保护湿地的前提和重要措施，是遏制湿地面积下降的关键。

本《条例》指出“应当按照湿地保护发展规划、国家和本市有关湿地保护的标准和技术规范，制定湿地恢复建设方案”。湿地保护发展规划包括《北京市湿地保护行动计划》《北京市湿地公园发展规划(2011—2020 年)》等。有关湿地保护的标准和技术规范有《湿地恢复与建设技术规程》《人工湿地污水处理工程技术规范》和《北京市级湿地公园建设规范》等。湿地管理部门应在全市推广国家和本市有关湿地保护的标准和技术规范，并根据实际需要制定新的技术标准，指导基层湿地保护和管理。

相关规定

《北京市湿地保护行动计划》；《北京市湿地公园发展规划（2011—2020年）》；《湿地恢复与建设技术规程》（DB11/T 1300—2015）；《人工湿地污水处理工程技术规范》（HJ2005—2010）；《北京市级湿地公园建设规范》（DB11T 768—2010）；《中华人民共和国森林法》；《中华人民共和国土地管理法》；《中华人民共和国野生动物保护法》；《中华人民共和国环境保护法》；《中华人民共和国水法》；《中华人民共和国河道管理条例》；《湿地保护管理规定》（国家林业局令第32号）；《北京市实施〈中华人民共和国水法〉办法》。

第二十八条　建设项目的环境影响评价范围内有列入名录的湿地的，建设单位应当依法办理环境影响评价审批手续，并在报批的环境影响评价文件中，就建设项目对湿地主要保护对象和生态系统的影响作出重点分析，提出预防和减轻不良影响的措施。

环境保护行政主管部门在办理环境影响评价审批手续前，应当征求湿地保护部门的意见。

条文主旨

本条规定了北京市湿地内建设项目实施生态影响评估机制，及其审批程序。

立法背景

由于历史原因和认识偏差，我国过去在较长时间内过分强调对湿地资源的开发利用而忽视其保护，致使我国许多地区湿地资源破坏较严重。人们从教训和经验中已逐渐认识到：为实现湿地资源的保护和可持续利用，在其开发活动中推行环境影响评价（environmental inpact assessment，EIA）制度尤为重要。因为我们可以通过科学预测开发活动对湿地资源与环境的近期和长远影响，合理论证开发活动的可行性，并提出将不利影响降到最低，保证湿地资源可持续利用的对策与环保措施。

国内环境影响评价制度主要是对环境污染的预防因而不能完全适应湿地保护和影响评价。湿地生态功能是一个统一体，需大范围，多方面展开，但《中华人民共和国环境影响评价法》中涉及湿地开发利用而进行的评价存在很多缺陷。首先，评价范围较窄，目前的环境影响评价制度只对于湿地自然保护区进行评价，而将其他湿地排除在环评之外。而且评价深度参差不齐，国内目前尚未建立相应的评价方法和指标体系。在实践中评价单位大多只作定性评价，而缺乏量化指标，使评价内容说服力不强。而管理部门也无法知道评价单位所做出的评价是否科学合理。此外，环境影响评价缺少后续跟踪监测，从而导致政府对湿地监管缺位而使湿地遭受破坏。

条文解读

湿地面临的问题众多，先从哪一方面着手对其进行保护是国内外湿地保护所面临的共同难题。世界各国将近半个世纪以来取得的环境保护经验表明，只有从源头预防并且进行全过程控制才能实现对湿地的有效保护。而建立环境影响评估制度是实现这一目标的好途径。

建设项目环境影响评价是环境保护部门对单个项目的环境可行性论证审核，对于涉及湿地的建设项目，没有从湿地生态系统保护的角度专门进行论证的管理职责。为保障建设项目不对湿地生态系统造成影响，或者将影响减少到最低程度，应实现湿地生态影响评价与环境影响评价制度的有效对接。本条将湿地生态影响评估纳入现行环境影响评价制度体系，规定应依法进行环境影响评价的建设项目，环境保护行政主管部门在办理审批手续前，必须征求湿地保护部门的意见。北京市湿地保护部门包括园林绿化、水务、农业行政部门。

湿地环境影响评价是科学评测对环评范围涉及湿地的区域的开发活动可能带来的不良后果，评测的区域包括湿地区域和与湿地毗邻的区域，在不减损原有湿地功能也不影响毗邻土地功能的情形下才能进行湿地的开发和利用。这种评价制度可以预测、评价和约束人类活动，使得人类在充分利用湿地的同时尽量减少对湿地资源的冲击和破坏。

本条内容是对《中华人民共和国环境保护法》中第十九条“编制有关开发利用规划，建设对环境有影响的项目，应当依法进行环境影响评价。未依法进行环境影响评价的开发利用规划，不得组织实施；未依法进行环境影响评价的建设项目，不得开工建设”，以及《中华人民共和国环境影响评价法》中第三章的有效补充，充分突出了湿地保护过程中环境影响评价的内容和要素。同时其与《中华人民共和国野生动物保护法》中要求县级以上人民政府及其有关部门在编制有关开发利用规划时，充分考虑野生动物及其栖息地保护的需要等管理理念上具有一致性和互补性。

相关规定

《中华人民共和国环境保护法》；《中华人民共和国环境影响评价法》；《中华人民共和国野生动物保护法》；《中华人民共和国水污染防治法》。

第二十九条　本市建立湿地保护专家咨询机制。市园林绿化行政部门应当组织设立湿地保护专家委员会，对湿地保护发展规划的编制、湿地名录的拟定、湿地保护范围的划定、湿地保护方案的制定、湿地资源的评估，以及在湿地保护范围内开展建设和利用等活动提供技术咨询意见。

湿地保护专家委员会成员由湿地、水资源、野生动植物、生态环境等方面的专家组成。

条文主旨

本条对北京市湿地保护实行专家咨询机制、设立湿地保护专家委员会的责任单位、湿地保护专家委员会的职责和专业组成进行了规定。

立法背景

专家咨询是政府在公共管理，尤其是政府决策过程中，为了提高管理的科学化、民主化和法制化水平而通过一定程序寻求专家知识帮助和技术支持的活动。北京市政府自1983年起正式聘请成立政府专家顾问团，目前有各类专家800多名，组成95个顾问组，为市政府重大决策的科学确定提供有效服务。北京市成立湿地保护专家委员会，就是想借助“外脑”的力量，使之参与到湿地保护和管理的各个环节，形成政府决策系统与专家咨询系统的良性互动。

湿地生态系统作为一种特殊的生态系统，不同于其他陆地生态系统，也有别于水生生态系统，它是介于两者之间的过渡生态系统。其生物群落由水生和陆生种类组成，物质循环、能量流动和物种迁移与演变活跃，具有较高的生态多样性、物种多样性和生物生产力。北京市内云集着我国众多的科研院所，属于我国重要的科技创新中心，已经建立了中国林业科学研究院湿地研究所、北京湿地中心、湿地生态功能与恢复北京市重点实验室等一大批湿地研究的专业机构。同时培养了大批湿地保护专业技术人员，产出了一大批科研成果，这就为北京市湿地保护专家咨询机制的建立提供了重要的人才支撑条件。北京市在湿地保护管理的专家参与、科技咨询等方面具有巨大的优势。

条文解读

一、 市园林绿化行政部门应当组织设立湿地保护专家委员会

完善科技支撑体系，建立湿地保护管理决策的科技支撑机制，提高科学决

策水平。湿地主管单位管理人员专业知识可能具有一定局限性，湿地保护管理作为一种专业特点突出的工作内容，需要一定的专业人员作为技术支持，这就需要成立技术顾问委员会，为日常决策提供服务。而北京市园林绿化行政部门担负着组织设立湿地保护专家委员会的职责。湿地管理部门应定期设立相关湿地热点研究项目，组织湿地保护专家委员会开展相应科学研究，用于指导北京市湿地保护管理工作。

二、湿地保护专家委员会对湿地保护发展规划的编制、湿地名录的认定、湿地保护范围的划定、湿地保护方案的制订、湿地资源的评估等提供技术咨询意见

湿地保护专家委员会作为行业主管单位的技术支撑委员会，应该为北京市湿地保护管理决策提供咨询服务。而编制湿地保护发展规划、拟定湿地名录、划定湿地自然保护区和湿地公园等保护范围、制定湿地保护方案等均属于重要的行业业务内容。在这些湿地保护政策和行动计划实施前，应咨询湿地保护委员会的相关意见，充分发挥湿地保护委员会的技术咨询作用。

三、湿地保护专家委员会成员由湿地、水资源、野生动植物、生态环境等方面的专家组成

湿地保护专家委员会组成必须具有代表性和权威性。湿地生态系统作为一种特殊的生态系统，涉及动物、植物、生态、水文等多方面，既是陆地上的天然蓄水库，又是众多野生动植物资源，特别是珍稀水禽的繁殖和越冬地，它也可给人类提供水和食物。因此，湿地保护委员会成员应该包括湿地、水资源、野生动植物、生态环境等多方面专业背景的专家。

相关规定

《北京市绿化条例》；《湿地保护管理规定》(国家林业局令第 32 号)。

第三十条　按照湿地保护发展规划恢复或者建设湿地，造成农村集体经济组织或者农民合法权益损失的，市或者区、县人民政府依法予以补偿；对农民生产、生活造成影响的，应当作出妥善安排。

条文主旨

本条对北京市湿地保护管理中实行的生态补偿机制进行了规定。

立法背景

目前在国际上湿地生态效益补偿已经从政府投资为主逐渐发展到政府、私人企业、金融机构等多渠道的融资方式。相对而言，国内其他已有湿地立法的省市中，并没有形成较为完善的生态效益补偿制度，目前北京市关于这一方面的湿地保护制度也较为不完善。

2004 年，北京在全国率先建立了集体生态公益林补偿机制。2005 年，北京市又开始实施新的区县功能定位，进而对生态涵养区生态补偿开始进行探索。随后又出台了《北京市中央财政森林生态效益补偿基金管理办法》(2009 年)等一系列关于生态补偿的文件，并投入大量生态补偿资金使北京市生态环境总体上得到了改善。但是湿地作为三大重要生态系统之一，北京市湿地建设和恢复占用集体土地却并没有专门的生态补偿政策和规定，补偿要求等也没有得到明确，这严重制约了北京市的湿地保护修复工作。这次在立法中提出湿地生态补偿，填补了法律上的空白。

条文解读

鉴于湿地保护的公益性和全民性，由政府作为湿地生态补偿的主体是合理而切实可行的，这也是国内外通常的做法。本《条例》规定，因湿地保护需要使湿地资源所有者、使用者的合法权益受到损失的，市和区人民政府应当依法予以补偿。广义的生态补偿既包括对生态系统和自然资源保护所获得效益的奖励或破坏生态系统和自然资源所造成损失的赔偿，也包括对造成环境污染者收取相关费用。

北京市出台的《水环境区域补偿办法(试行)》(2014 年)等文件均与本《条例》的生态补偿要求一致。“十二五”期间，国家相继出台森林、湿地、荒漠等资源保护补贴政策，并逐年提高补助标准。党的十八大以来，我国政府也提出了实行资源有偿使用制度和生态补偿制度，坚持谁受益、谁补偿原则，推动地区间建立横向生态补偿制度。2014 年，财政部和国家林业局印发了《中央财政林业补助资金管理办法》，进一步规范森林生态效益补偿制度，并首次建立了湿地补贴政策，将湿地生态效益补偿试点、湿地保护奖励支出列入补贴范围。2016 年，《国务院办公厅关于健全生态保护补偿机制的意见》要求，“到 2020 年实现森林、草原、湿地、荒漠、海洋、水流、耕地等重点领域和禁止开发区域、重点生态功能区等重要区域生态保护补偿全覆盖”。国家和北京市一系列的生态补偿文件和措施与本《条例》一起构建了完整的湿地保护法规体系。

一、 确定了补偿范围

湿地保护和恢复应尽量避免对周边社区居民的生活和生产活动产生影响。本条将按照北京市湿地保护发展规划内容开展湿地恢复或建设，使农村集体经济组织或者农民合法权益受到保护，将其由于湿地保护和恢复所受到的损失纳入到了政府的生态补偿范围。因此，湿地恢复或建设造成的人员财产损失都可以按照《条例》中规定的条款，由所在地的市/区人民政府给予补偿，有利于保护人民群众利益，调动广大人民群众保护湿地的积极性。

本条中的补偿范围与《中华人民共和国野生动物保护法》中第十九条所确定的“野生动物造成人员伤亡、农作物或者其他财产损失的，由当地人民政府给予补偿”和《北京市重点保护陆生野生动物造成损失补偿办法》中第十条所确定的“在本市行政区域内，受到本市确定给予补偿的陆生野生动物(以下简称野生动物)造成损失的单位和个人，可以依照本办法申请补偿”等补偿范围不同。同时与《湿地保护管理规定》中第二十七条“因保护湿地给湿地所有者或者经营者合法权益造成损失的，应当按照有关规定予以补偿”也存在区别。本《条例》强调“恢复或者建设湿地”过程中占用集体或个人土地等，造成其损失；而《湿地保护管理规定》强调了保护湿地的过程，前两部法律法规更多地强调野生动物肇事产生的损失。

二、 明确了补偿主体

北京市湿地资源分布不均，但湿地在北京市各区广泛分布。本《条例》明确了北京市及其各区人民政府均为湿地恢复或建设造成人员财产权益损失的补偿主体。本条与《中华人民共和国野生动物保护法》中第十九条确定的当地人民政府作为补偿主体是一致的；而《北京市重点保护陆生野生动物造成损失补偿办法》中第十条将野生动物造成损失后的补偿作为一种救助行为，其救助主体是当地民政部门；《湿地保护管理规定》中第二十七条并未明确补偿主体。北京市各级人民政府应该根据其经济社会现状，尽快制定湿地恢复和建设损害补偿办法以及补偿标准，使湿地损害补偿机制制度化。

相关规定

《北京市水环境区域补偿办法(试行)》；《中央财政林业补助资金管理办法》；《中华人民共和国水法》；《中华人民共和国野生动物保护法》；《北京市重点保护陆生野生动物造成损失补偿办法》；《湿地保护管理规定》(国家林业局令第 32 号)；《全国湿地保护工程实施规划(2005—2010 年)》。

第三十一条　禁止在列入名录的湿地保护范围内从事下列行为：

(一)采集泥炭、采挖野生植物、捡拾鸟蛋；

(二)抓捕野生动物，破坏野生动物繁殖区和栖息地；

(三)投放有毒有害物质、倾倒废弃物或者排放未经处理的污水；

（四）投放有害物种或者擅自引入外来物种；

（五）擅自排放湿地水资源或者堵截湿地水系与外围水系的联系；

（六）破坏湿地保护监测设施设备；

（七）擅自建造建筑物、构筑物；

（八）法律、法规禁止的其他破坏湿地的行为。

条文主旨

本条规定了北京市被列入名录的湿地中明令禁止的活动和行为。

立法背景

随着湿地保护形势不断变化，人们开始认识到湿地生态系统完整和健康对野生动植物及人类生存繁衍的重要意义。湿地保护已经成为生态保护工作不可或缺的组成部分。人为干扰造成的湿地环境污染、生境破坏、水文变化等，已经成为北京湿地退化和破碎化的根本原因。严格控制和管理湿地内的人类活动是保护湿地生态系统的先决条件。

2012 年之前，北京市城区不断扩大，生产生活需水量增加，湿地面积不断萎缩。许多重要的湿地已经被占用或破坏，各类河道改造工程众多，而且河流水质较差，使北京市湿地水资源安全面临挑战。北京地区湿地面临着过渡占用、水体污染、野生动物减少和外来物种入侵等诸多问题。在这一背景下要加大对现存湿地的保护，限制湿地内的人类活动就显得十分必要。

通过设置国家重要湿地名录、北京市重要湿地名录等方式对重要湿地生态系统进行保护。除特殊规定外，禁止在列入名录的湿地中开展排污、采挖、猎捕、引入外来物种、破坏湿地水资源等破坏湿地生态系统健康和稳定的活动，违反者要承担相应的法律责任。

在各种涉及湿地保护的部门法律法规中，缺乏对于动植物的猎捕和交易实行许可证制度，以及针对湿地保护的相关法律制度等；针对破坏湿地的行为，有的法律法规条文中有禁止性行为设定，但没有相应处罚条款，在执法上，没有从法律上予以明确规范，给湿地破坏行为可乘之机。因此，出台北京湿地保护条例，有利于利用法律手段推动湿地保护，加快湿地建设和发展的法制化、规范化和科学化。

条文解读

已划定的各类重要湿地，要严格限制在其规定时空范围内开展的各类对湿地生态系统造成损害的行为。主要包括三方面原因：其一，必须保障湿地水资源安全；其二，必须保护重要湿地生境及其功能的完整；其三，列入名录的湿地往往属于野生动物集中开展繁殖、觅食、迁徙洄游等的重要场所，在这些区域的人为干扰会对野生动植物正常生存繁衍造成比其他区域更为严重的危害。因此，对其范围内应禁止的行为进行了特别规定，内容如下：

“禁止采集泥炭、采挖野生植物、捡拾鸟蛋”和“禁止抓捕野生动物，破坏野生动物繁殖区和栖息地”均是对野生动植物及其栖息地的规定。其与《中华人民共和国野生动物保护法》中第二十条和《北京市实施〈中华人民共和国野生动物保护法〉办法》中第十一条相互衔接，与其规定的在相关自然保护区域内禁止猎捕及其他妨害野生动植物生息繁衍的活动等要求一致，并根据北京市情况更加具体地提出禁止此类行为。野生动物栖息地是指能为动物提供充足的水分、食物、隐蔽和繁衍场所等基本环境条件的地点或区域。每一种动物都有它的生活栖息地，如果栖息地遭到破坏，动物的生存就会受到威胁。

“禁止投放有毒有害物质、倾倒废弃物或者排放未经处理的污水”是对湿地环境污染进行预防和治理的规定。湿地虽然有净化污水的功能，但是湿地环境容量是有限的，如果污染物的排放超出了湿地本身的承载能力，就会影响湿地生态系统功能的发挥。本条与《中华人民共和国水法》中第三十四条“禁止在饮用水水源保护区内设置排污口”和《中华人民共和国水污染防治法》中第三十三条“禁止向水体排放、倾倒工业废渣、城镇垃圾和其他废弃物”相衔接，并根据北京市水处理等现状，明确污水为“未经处理的污水”。

“禁止投放有害物种或者擅自引入外来物种”对湿地外来物种和有害物种的引入等进行了规定，在《中华人民共和国野生动物保护法》第十二条也规定了禁止或者限制在相关自然保护区域内引入外来物种的行为，与本条规定具有较好的一致性。同时《中华人民共和国环境保护法》中第三十条对引进外来物种进行了要求，即应采取措施防止对生物多样性的破坏。可见，北京市列入名录的湿地对外来物种和有害生物的管理相对于以上的规定更加严格。

“禁止破坏湿地保护监测设施设备”与《中华人民共和国水法》中第四十一条“单位和个人有保护水工程的义务，不得侵占、毁坏堤防、护岸、防汛、水文监测、水文地质监测等工程设施”的要求基本上是一致的，与其进行了很好的衔接。

“禁止擅自建造建筑物、构筑物”是对湿地保护管理的要求，同时也是水资源管理的重要内容，《中华人民共和国水法》中第三十七条和《中华人民共和国防洪法》中第二十二条均对其进行了要求。主要包括禁止在河道、湖泊管理范围内建设妨碍行洪的建筑物、构筑物，倾倒垃圾、渣土等。

“禁止法律、法规禁止的其他破坏湿地的行为”主要包括《中华人民共和国水法》《中华人民共和国渔业法》《中华人民共和国河道管理条例》《湿地保护管理规定》等法律法规规定的行为。相关内容主要有：禁止在江河、湖泊、水库、运河、渠道内弃置、堆放阻碍行洪的物体和种植阻碍行洪的林木及高秆作物，禁止围湖造地，禁止从事影响水工程运行和危害水工程安全的爆破、打井、采石、取土等活动，禁止使用炸鱼、毒鱼、电鱼等破坏渔业资源的方法进行捕捞，禁止捕捞有重要经济价值的水生动物苗种，禁止在堤防和护堤地建房、放牧、开渠、打井、挖窖、葬坟、晒粮、存放物料、开采地下资源等。

此外，《条例》增加了“采集泥炭、采挖野生植物、捡拾鸟蛋、投放有毒有害物质、倾倒废弃物、破坏湿地保护监测设施设备”等内容，列举了可能在湿地中发生的各种违法行为，有利于促进湿地的全面保护。

相关规定

《中华人民共和国水法》；《中华人民共和国野生动物保护法》；《中华人民

共和国环境保护法》；《中华人民共和国渔业法》；《中华人民共和国水污染防治法》；《中华人民共和国防洪法》；《中华人民共和国河道管理条例》；《湿地保护管理规定》；《北京市城市河湖保护管理条例》；《北京市实施〈中华人民共和国野生动物保护法〉办法》；《北京市实施〈中华人民共和国水污染防治法〉办法》。

第四章

监督检查

第三十二条　湿地保护管理部门应当依照法律、法规的规定和市人民政府确定的职责，加强对湿地保护工作的监督检查，并对违法行为予以行政处罚，落实湿地保护发展规划的目标和任务。

园林绿化行政部门应当加强对湿地保护发展规划实施情况的监督检查。

条文主旨

本条对北京市湿地保护管理部门的管理职责等进行了规定，为其对北京市湿地资源的监督检查和行政处罚等行为提供了法律依据。

立法背景

本条是对《条例》第六条的延伸，强调湿地保护管理部门依照法律、法规、规章的规定和北京市人民政府确定的职责开展工作。湿地保护管理部门对湿地保护目标和任务的执行以及完成情况进行监督检查，对违法行为予以行政处罚。如出现监督、监管不力或者未完成湿地保护管理目标和任务时，对相应的行政主管部门进行追责。

条文解读

一、 湿地保护管理部门如何开展湿地保护工作的监督检查工作

本条规定了湿地保护管理部门依照法律、法规的规定和市人民政府确定的职责，加强对湿地保护工作的监督检查等，落实湿地保护发展规划相关内容。按照本条例第六条《规定》，市和区园林绿化、水务、农业行政部门为湿地保护管理部门分别负责湿地保护管理工作，这些部门依据职能划分，依法行使相应

职责。其中，园林绿化行政部门负责湿地保护管理的日常工作，水务行政部门具体承担着河流、湖泊、水库等类型湿地的保护、恢复和管理工作；农业行政部门承担着水田、水产池塘等湿地保护、恢复等工作。结合北京市当前湿地管理现状，本条例不打破现有体制，不调整部门职能，建立了由有关部门各负其责，齐抓共管、分别实施、共同推进完成湿地保护管理目标和任务。如出现监督、监管不力及未完成湿地保护任务时，对相应的行政部门进行追责。

二、 禁止行为内容及相应行政处罚

本条提出的违法行为是指，违反本《条例》中第十四条“恢复或者建设湿地应当考虑本地区水资源状况，充分利用雨洪水和再生水，禁止使用地下水”、第二十条“任何单位和个人不得损毁、涂改、擅自移动湿地保护标志”、第二十七条提到的“列入名录的湿地，任何单位和个人未经批准不得擅自开垦、占用或者改变湿地用途”、第三十一条“禁止在列入名录的湿地保护范围内从事下列行为：采集泥炭、采挖野生植物、捡拾鸟蛋；抓捕野生动物，破坏野生动物繁殖区和栖息地；投放有毒有害物质、倾倒废弃物或者排放未经处理的污水；投放有害物种或者擅自引入外来物种；擅自排放湿地水资源或者堵截湿地水系与外围水系的联系；破坏湿地保护监测设施设备；擅自建造建筑物、构筑物；法律、法规禁止的其他破坏湿地的行为”等。

相关规定

《中华人民共和国行政处罚法》；《北京市湿地保护发展规划》；《北京市湿地公园发展规划》(2011—2020 年)；《全国湿地保护工程实施规划(2005—2010年)》。

第三十三条　湿地所在地乡镇人民政府和街道办事处应当建立巡查制度，加强对本辖区内湿地保护情况的日常监督检查，协助湿地保护管理部门查处违反本条例的行为。

村民委员会、居民委员会发现违反本条例行为的，有权予以制止，并向湿地保护管理部门报告。

条文主旨

本条对北京市湿地所在地乡镇人民政府和街道办事处、村民委员会、居民委员会等基层单位对本辖区内湿地保护工作的管理职权等进行了规定。

立法背景

本条是对《条例》第三条的延伸，乡镇人民政府和街道办事处为湿地保护工作的基层单位，湿地所在地的乡、镇人民政府和街道办事处应当明确湿地保护目标，落实湿地保护责任，做好湿地保护工作。同时，赋予乡镇人民政府和街道办事直接的管理职能，发动基层乡镇人民政府和街道办事处、村民委员会、居民委员会等的管理能动性，有助于形成长效的湿地保护管理制度和管理机制。村民委员会、居民委员会发现违法湿地保护的行为，应当予以制止并向湿地保护管理部门报告。

条文解读

一、 巡查制度的建立

巡查制度主要是乡镇人民政府和街道办事处为了掌握和收集本辖区内湿地保护管理情况，及时发现破坏湿地的行为，协助湿地保护管理部门对违反本条例的行为进行查处。乡镇人民政府和街道办事处应根据本辖区湿地保护管理情况建立湿地巡查制度：巡查人员由专人承担，在本辖区湿地内定期开展巡逻和检查，并做好记录工作。村民委员会、居民委员会发现违反本条例的违法行为及时制止，并向湿地保护管理部门报告。

巡查应重点针对以下的的违法行为：本条例中第十四条“恢复或者建设湿地应当考虑本地区水资源状况，充分利用雨洪水和再生水，禁止使用地下水”，第二十条“任何单位和个人不得损毁、涂改、擅自移动湿地保护标志”，第二十七条“列入名录的湿地，任何单位和个人未经批准不得擅自开垦、占用或者改变湿地用途”，第三十一条“禁止在列入名录的湿地保护范围内从事下列行为：采集泥炭、采挖野生植物、捡拾鸟蛋；抓捕野生动物，破坏野生动物繁殖区和栖息地；投放有毒有害物质、倾倒废弃物或者排放未经处理的污水；投放有害物种或者擅自引入外来物种；擅自排放湿地水资源或者堵截湿地水系与外围水系的联系；破坏湿地保护监测设施设备；擅自建造建筑物、构筑物；法律、法规禁止的其他破坏湿地的行为”等。

相关规定

《中华人民共和国地方各级人民代表大会和地方各级人民政府组织法》；《湿地保护管理规定》(国家林业局令第32号)。

第三十四条　任何单位和个人都有保护湿地的义务，对破坏、侵占湿地的行为，有权向区县、乡镇人民政府或者湿地保护管理部门举报。

有关政府或者部门应当建立健全举报制度，公布举报电话和信箱；接到举报后，应当及时调查处理；经调查属实的，对举报人予以表彰或者奖励；将处理情况记录在案，供举报人查询。

条文主旨

本条对单位和个人在湿地保护的义务及建立健全举报制度等进行了规定。

立法背景

湿地保护是一项全民性的公益事业，与社会各阶层人民群众的切身利益密切相关。湿地保护管理部门应建立健全举报制度，加强对举报人奖励与保护，充分发挥公众参与湿地保护的积极性。

现代湿地保护领域中的公众参与是指公民有权通过一定的程序或途径参与湿地利益相关的决策管理活动，使得该项政策符合公众的切身利益，且有利于湿地保护。吸引公众参与湿地保护管理工作是国际自然保护领域中通行的做法，有助于加强湿地保护管理力量，构建公众监督体系，提高湿地保护管理工作的有效性。广泛的社会参与政策，通过立法和相关制度建设搭建公众参与湿地保护的平台，利用社会力量增加湿地保护投入，并通湿地保护信息公布制度加大社会监督是发达国家湿地保护政策的新走向。美国湿地保护公众参与制度体现在美国宪法第 5 条修正案“正当法律程序条款中规定了政府在对湿地利用采用限制性措施之前，应当举行听证会，并允许当事人向法院提起诉讼”。北京城市湿地面临着诸多问题，其中有相当一部分问题的产生与解决与公众参与密切相关。例如水污染问题，如果能吸引公众形成节水和环境友好型生活方式，将大大减少污水排放量。而如果能吸引周边社区公众参与保护工作，保护和管理工作将有事半功倍的效果。

《条例》不仅总体上体现出公众参与的原则和理念，也通过相应制度的设置来使公众参与原则具体化、可行化。具体来说有三个方面：①确保湿地信息的公开，让公众在信息对称的情况下参与到湿地保护中来，并有效实行监督、举报、投诉。②建立公众参与的监督、举报体系，明确公众对湿地保护的监督权利和义务，并使这种权利能够得到实现。例如，有奖举报、有关部门接受公众的来访、接受公众的匿名举报等。③建立公众意见的回应制度，对于是否采纳公众的意见也要做出解释和说明。

条文解读

一、 湿地保护管理部门应建立健全举报制度

举报制度是指受理举报的机关和组织对公民或者单位举报的线索，依照法律或者其他有关规定进行调查处理，保障公民依法行使民主权利的一种制度。湿地保护管理部门应建立健全湿地保护的举报制度，规定公众参与的具体内容，提高公众对湿地保护的关注，充分发挥公民、社区和非政府组织参与湿地保护的积极性，使湿地保护更具有广泛性。湿地保护管理的举报制度由宣传、受理、登记、分流、初查、催办、保护、奖励、答复等组成，湿地保护管理部门要根据本辖区湿地保护的具体情况制定和完善举报制度，建立举报档案，并贯彻执行，保障举报工作有序、有效地开展。

除设立、公布举报热线和信箱，湿地保护管理部门应充分利用现有渠道、形式开展举报工作，设立电子邮箱、微信、微博等账号，方便公众的参与。

二、 加强对举报人奖励与保护

对举报人的表彰奖励可以引导公众更好地遵守法律，也能促进法律的实施，是维护法律权威性的一种有效手段。表彰和奖励的办法可以分为两类：一类是物质上的奖励，如发给一定数额的奖金等；另一类是精神上的表彰，如授予光荣称号、通报嘉奖等。表彰奖励，对于已经作出贡献的人是一种价值上的肯定，对于他人是一种激励和鞭策。表彰奖励的目的是在全社会树立榜样，正确引导人们的行为，调动全体公民的积极性和热情，推动湿地保护事业的发展。

对举报人要进行积极保护，避免遭受打击报复。《中华人民共和国宪法》(2018 修正)第四十一条规定："中华人民共和国公民对于任何国家机关和国家工作人员，有提出批评和建议的权利；对于任何国家机关和国家工作人员的违法失职行为，有向有关国家机关提出申诉、控告或者检举的权利，但是不得捏造或者歪曲事实进行诬告陷害。"以上这些是关于举报人权利的法律性规定。第

四十一条不仅规定了公民的举报和检举权利，而且规定了有关国家机关的义务，必须“查清事实，负责处理”；并且要保护举报人的权利，即不得被压制、报复。《刑法》和《刑事诉讼法》则分别规定了保护举报人的实体性规则和程序性规则。《刑法》第二百五十四条规定的报复陷害罪以及该法第二百五十五条规定的打击报复举报人罪，都对打击报复举报人制定了刑事制裁措施。

相关规定

《关于加强湿地保护管理的通知》(国办发〔2004〕50 号)；《国务院办公厅关于印发湿地保护修复制度方案的通知》(国办发〔2016〕89 号)；《中华人民共和国宪法》(2018 年修正)；《中华人民共和国刑法》；《中华人民共和国刑事诉讼法》。

第三十五条 湿地保护管理部门应当对湿地资源进行动态监测，对湿地的生态状况和利用情况进行评估。园林绿化行政部门应当及时汇总有关监测数据。

条文主旨

本条对北京市湿地资源的动态监测、生态状况和利用情况评估等进行了规定。

立法背景

北京市处于城市化不断完善成熟的过程中，湿地资源及其生态质量在短期内的变化较大，长周期的湿地资源调查难以满足湿地保护的需求，需要有针对性地开展湿地监测，及时掌握其变化情况，提高湿地保护管理水平。湿地作为重要的三大生态系统类型之一，其单位面积的生态系统服务价值居所有陆地生态系统的首位，湿地保护和恢复已经成为北京生态建设的重要组成部分，但与绿化造林等传统生态工程相比，目前对湿地恢复建设成果的监测和评估方法尚不熟悉，全市统一的湿地监测系统尚未建立，因此应对北京市湿地资源进行动态监测和评估。

条文解读

一、 开展湿地资源的动态监测

开展湿地资源的动态监测，可根据监测结果及时采取有效措施，加强对湿地的保护，防止对湿地的破坏，才能从预防的源头进行保护，遏制湿地的减少。北京的湿地监测，要立足于湿地生态系统的各个要素，建立各部门协调统一的监测制度，统筹利用现有监测设施和监测手段，充分利用新技术、新方法进行监测。北京市湿地资源动态监测内容包括气象和大气环境监测、水文和水质监测、土壤监测、生物监测等。气象和大气环境监测采用自动仪器，可连续监测；而对于水文和水质监测每年不少于 3 次，丰水期、平水期和枯水期各一次，可满足数据的代表性。土壤理化性质年际变化幅度较小，大部分监测指标每年 1 次即可满足需要，部分指标可 2 年 1 次；生物监测主要监测方法为样方法和样线法，样方与样线的大小、数量应满足监测对象的代表性。监测技术和方法可以参照《基于 TM 遥感影像的湿地资源监测方法》《湿地监测技术规程》等执行。

国务院办公厅发布的《湿地保护修复制度方案》也提出健全湿地监测评价体系的内容要求，具体如下：①明确湿地监测评价主体。国务院林业主管部门会同有关部门组织实施国家重要湿地的监测评价，制定全国湿地资源调查和监测、重要湿地评价、退化湿地评估等规程或标准，组织实施全国湿地资源调查，调查周期为 10 年。省级及以下林业主管部门会同有关部门组织实施地方重要湿地和一般湿地的监测评价。加强部门间湿地监测评价协调工作，统筹解决重大问题。②完善湿地监测网络。统筹规划国家重要湿地监测站点设置，建立国家重要湿地监测评价网络，提高监测数据质量和信息化水平。健全湿地监测数据共享制度，林业、国土资源、环境保护、水利、农业、海洋等部门获取的湿地资源相关数据要实现有效集成、互联共享。加强生态风险预警，防止湿地生态系统特征发生不良变化。

二、 开展湿地资源状况与利用评估

开展湿地资源的动态监测，对湿地资源状况和利用情况进行评估，可为采取有效的湿地保护措施、防止湿地生态功能退化提供依据。湿地资源状况评估包括湿地动物、植物、土壤及水资源等生态状况，对湿地生态结构和功能的健康状况作出评估，进而制定更为合理的保护管理措施。

湿地保护最终是为了持续发挥湿地的生态功能，让人们能够充分利用湿地，享受到湿地带来的环境效益。因此，湿地保护不能单纯为了保护而保护，而应当在保护中充分考虑湿地为社会带来的利用价值，国内其他省(自治区、直辖市)的湿地保护经验表明，只有兼顾利用的保护才是可持续的保护，才是积极的保护。保护为利用创造条件，利用促进保护更加深入。本《条例》第二十二条、二十四条、二十五条从几个方面对湿地利用予以了规范，一是建设或者恢复湿地中，可以利用湿地景观，开发与湿地功能相适应的项目。二是在湿地公园建设中提出在保护基础上合理利用湿地资源。三是在开发利用湿地资源中，提出了具体要求，规定应当符合湿地保护规划，按照有关规定划定范围，不得改变湿地生态系统基本功能，不得超出湿地资源再生能力，不得破坏野生动植物及其生存环境。本条对湿地资源利用进行评估，掌握湿地开发利用的情况，防止过度利用超出湿地资源的承载量，从而造成湿地的生态功能退化。

相关规定

《国务院办公厅关于印发湿地保护修复制度方案的通知》(国办发〔2016〕89号)；《湿地监测技术规程》(DB11/T 1301—2015)；《基于 TM 遥感影像的湿地资源监测方法》(LY/T2021—2012)。

第三十六条　市园林绿化行政部门会同有关部门，每5年开展一次全市湿地资源调查，建立湿地资源档案。湿地资源调查结果应当向社会公布。

湿地资源调查主要包括湿地面积、类型、分布，以及野生动植物种类、数量、生存状况等内容。

条文主旨

本条对北京市湿地资源调查的时间周期、管理方式和调查内容等进行了规定。

立法背景

开展湿地资源调查，是科学保护湿地，摸清湿地资源基数的重要举措。定期开展湿地资源调查，建立湿地资源档案，有助于北京市制定持续性的湿地资源管理对策，掌握其动态变化，为北京市湿地资源保护管理提供基础数据支撑。

条文解读

一、 每5年开展一次全市湿地资源调查， 建立湿地资源档案

湿地资源调查的机制和定期调查的模式具有同一性、科学性、准确性。为了查清湿地资源及其环境的现状，了解湿地资源的动态消长规律，建立湿地资源数据库和管理信息平台；为湿地资源的保护、管理和合理利用提供统一完整、及时准确的基础资料和决策依据，为加强湿地资源保护与湿地资源管理、履行《湿地公约》及其他有关国际公约或协定以及合理利用湿地资源服务。《全国湿地保护“十三五”实施规划(2016)》提出“十三五”期间由国家林业局牵头

开展第三次全国湿地资源调查，将全国湿地资源调查纳入到我国湿地保护管理的常态化定期调查监测体系。开展泥炭地、高原湿地、滨海湿地、鸟类迁飞网络湿地等专项调查。在调查基础上，建立全国湿地资源管理信息系统，制作全国湿地资源展示平台和更新全国湿地资源电子图集。

我国目前开展过两次全国湿地资源调查，分别在2003年和2013年，其间隔期为10年，2016年年底国务院办公厅发布的《湿地保护修复制度方案》明确实施全国湿地资源调查周期为10年。本《条例》规定5年开展一次全市湿地资源调查，将会更及时、全面了解北京湿地资源的动态变化。同时，将该规定写入法律条文中，强制执行，将其作为北京市园林绿化行政部门主要职责之一。本条确立北京市湿地资源调查制度，主要解决三个层面的问题：第一，每5年开展一次湿地资源调查，建立湿地资源档案；第二，由市园林绿化行政部门会同水务、农业（现改为农业农村）、环保（现改为生态环境）、国土（现改为自然资源）等部门组织开展湿地资源调查；第三，全市湿地资源调查结果，经市政府批准后，由市园林绿化行政部门公布，让全社会知晓，以利于更好地保护湿地。

二、湿地资源调查范围、内容、时间

为了和《湿地公约》以及国际统计数据接轨，《全国湿地资源调查技术规程（2008）》规定对面积为8公顷（含8公顷）湿地资源进行调查，2009—2013年国家林业局组织完成了第二次全国湿地资源调查。北京市于2007年开展了全市湿地资源调查工作，依据北京市的湿地资源情况，规定湿地调查的范围是面积在8公顷以上的湖泊、沼泽湿地，平均宽度≥5米的北京市主要水系及其支流，面积在1公顷以上的人工湿地（小于全国的起调面积），以及其他具有特殊重要意义的湿地。2018年，为了了解北京市最新的湿地资源数量、质量和分布，北京市园林绿化局组织开展了新一次全市湿地资源调查工作，调查的各类湿地资源包括面积大于等于0.0667公顷（1亩）的湖泊湿地、沼泽湿地、人工湿地中的库塘湿地、水产养殖场湿地以及宽度大于等于5米的河流湿地及人工湿地中的运河、输水河湿地。本次调查的湿地起调面积进一步缩小，有利于更加精确地反映出北京市的湿地资源状况。

湿地资源调查内容主要是湿地面积、类型、分布，以及野生动植物种类、数量、生存状况等。《全国湿地资源调查技术规程(2008)》将湿地资源调查划分为一般调查和重点调查。一般调查是对所有符合调查范围的湿地调查湿地型、面积、分布、平均海拔、所属流域、水源补给状况、植被类型及面积、主要优势植物种、土地所有权、保护管理状况；河流湿地的流域级别。重点调查除一般调查所列内容外，还应调查：①自然环境要素：包括位置(坐标范围)、平均海拔、地形、气候、土壤；②湿地水环境要素：包括水文要素、地表水和地下水水质；③湿地野生动物：重点调查湿地内重要陆生和水生湿地脊椎动物的种类、分布及生境状况，包括水鸟、兽类、两栖类、爬行类和鱼类；以及该重点调查湿地内占优势或数量很大的某些无脊椎动物，如贝类、虾类、蟹类等；④湿地植物群落和植被；⑤湿地保护与管理、湿地利用状况、社会经济状况和受威胁状况。

湿地面积和分布可以通过湿地遥感图、航拍图等途径获取；湿地类型应结合历史资料和现地调查进行确定；而野生动植物种类、数量、生存状况等可以通过一个周期性的野外调查获得。相关调查技术和方法可以参照《基于 TM 遥感影像的湿地资源监测方法》《湿地信息分类与代码》《湿地监测技术规程》等执行。

相关规定

《全国湿地保护“十三五”实施规划》；《全国湿地资源调查技术规程》；《基于 TM 遥感影像的湿地资源监测方法》(LY/T2021—2012)；《湿地信息分类与代码》(LY/T 2181—2013)；《湿地监测技术规程》(DB11/T 1301—2015)；《国务院办公厅关于印发湿地保护修复制度方案的通知》(国办发〔2016〕89 号)。

第三十七条　湿地保护管理部门履行监督检查职责，可以采取现场检查、询问有关人员、查阅或者复制有关资料等方式。

行政执法人员进行监督检查时，应当出示执法证件；有关单位和个人不得拒绝、阻挠、妨碍行政执法人员依法进行监督检查。

条文主旨

将对湿地保护管理部门履行监督检查职责的制度，规定监督检查的调查方式和行为，以及行政执法人员、有关单位和个人所应履行的义务进行了规定。

立法背景

本《条例》第三十二条延伸，通过法律条文的形式将湿地保护管理部门的监督检查工作合法化，明确规定了在履行监督检查工作中可以采取现场检查、询问有关人员、查阅或者复制有关资料等方式，属于行政管理法治化，为北京市湿地行政管理提供法律依据和法律保障。

条文解读

一、 明确湿地保护管理部门的监督检查职责

监督检查是湿地保护管理部门实行湿地保护管理的有效手段。如果只强调管理，不进行监督检查，将弱化法律的强制性和权威性。因此，本条规定：市和区园林绿化、水务和农业行政部门在监督检查湿地保护工作中，可以进行现场检查，调查了解有关情况，查阅、复制有关文件、资料，采取责令停止违法行为，限期恢复等措施。被监督检查的单位和人员不得拒绝、阻挠、妨碍行政执法人员依法进行监督检查。通过建立监督检查制度，有效突破湿地保护管理工作中“门难进，脸难看，话难听，事难办”的瓶颈，依法进行湿地保护监督

检查。

二、 行政执法人员的执法程序

把应用法律规制的行为制度化、程序化，将这些行为纳入到法律规制的范畴，由相应的制度对其进行规定、制约，这既利于行为的规范化、程序化，提高效率，也利于对其进行监督与约束，更利于在人民的合法权利。本条对行政执法人员监督检查的基本程序进行了规定，应对行政执法人员同时进行监督检查，现场应出示不少于两人的有效执法证件；同时对有关单位和个人在监督检查时的行为进行了要求，即不得拒绝、阻挠、妨碍行政执法人员依法现场检查、询问有关人员、查阅或者复制有关资料等。

三、 妨碍执法的行为

有关单位和个人无论是拒绝、阻挠还是妨碍行政执法人员依法监督检查，都属于违法行为。拒绝、阻挠、妨碍主要指：一是设置障碍、躲避、关门等非暴力不合作或拒绝检查等行为；二是暴力、威胁或者冲突等行为；三是赠送金钱或其他物质等行为。

《中华人民共和国治安管理处罚法》第五十条规定有下列行为之一的，处警告或者200元以下罚款；情节严重的，处5日以上10日以下拘留，可以并处500元以下罚款：(一)拒不执行人民政府在紧急状态情况下依法发布的决定、命令的；(二)阻碍国家机关工作人员依法执行职务的。

相关规定

《中华人民共和国治安管理处罚法》；《林业行政处罚程序规定》；《建设行政处罚程序暂行规定》。

第五章

法律责任

第三十八条　本市实行湿地保护管理责任追究制度。湿地保护管理部门或者其他有关部门及其工作人员违反本条例规定，违法履行、不履行或者不当履行湿地保护管理职责的，按照国家和本市有关规定给予行政问责和行政处分；构成犯罪的，依法追究刑事责任。

条文主旨

本条是关于湿地保护管理部门或者其他有关部门及其工作人员不依法履行职责的处罚规定。

立法背景

自20世纪80年代初我国政府就将生态环境保护列为基本国策，90年代中期将生态环境保护纳入到可持续发展战略，21世纪提出了科学发展观，并将生态文明建设作为国家发展的重要战略。政府作为生态环境保护的重要主体和主导力量，需要切实履行生态环境保护的责任，积极承担生态环境问题的后果，因此建立健全政府生态环境责任追究制度是中国实现生态环境保护的当务之急。本条明确了北京市湿地保护管理中也必须遵循有“权必有责、失职失责必追究”的原则，湿地保护管理部门和其他有关部门应当认真履行职责，密切配合，共同做好北京市湿地保护管理工作。对有法不依、执法不严、违法不究和其他违法失职行为应承担法律责任。

条文解读

一、湿地保护管理责任追究制度

湿地保护管理责任追究制度属于生态问责制度，是指由特定的国家机关对各级政府、政府环境主管部门及其工作人员违法或不当履行生态保护职责的行为依照法定权限和程序进行责任追究，使其承担不利后果的法律规范体系。本条规定北京市实行湿地保护管理责任追究制度，也体现了《条例》在法律条文制定上的严格性和前瞻性。2013 年 11 月 9 日至 12 日，在北京召开的十八届三中全会通过的决定中首次提出生态“责任追究制度”，指出“必须建立系统完整的生态文明制度体系，实行最严格责任追究，用制度保护生态”。2014 年 4 月 24 日，在第十二届全国人民代表大会常务委员会上修订并通过了《中华人民共和国环境保护法》，针对政府及其环境主管部门的权利和义务作出了详细的规定，弥补了政府生态环境责任虚化的弊病。2015 年 8 月，中共中央办公厅、国务院办公厅印发了《党政领导干部生态环境损害责任追究办法(试行)》，其中第十二条规定“实行生态环境损害责任终身追究制。对违背科学发展要求、造成生态环境和资源严重破坏的，责任人不论是否已调离、提拔或者退休，都必须严格追责”，终身追责制更有利于政府树立执政的长远利益观。

二、承担本条规定的法律责任的主体是湿地保护管理部门或者其他有关部门及其工作人员

承担本条规定的法律责任的主体具体包括：一是北京市湿地保护主管部门即市和区园林绿化、水务、农业行政部门的负有责任的主管人员和其他直接责任人员；二是发展改革、财政、国土资源(现改为自然资源)、规划、环境保护(现改为生态环境)等其他有关部门的负有责任的主管人员和其他直接责任人员。

三、本条规定的违法行为，包括违法履行、不履行或者不当履行湿地保护管理职责

湿地保护管理部门是《条例》的执行机关，负责具体执行、落实法律已规定的权利义务内容。2011 年 10 月 1 日起正式实施的《北京市行政问责办法》对公务人员不履行、违法履行和不当履行行政职责的相应情形做出了明确的规定：

违法履行的情形包括：①违反议事规则，个人或者少数人对重大事项作出决定，或者改变集体作出的决定的；②无依据实施影响公民、法人和其他组织

合法权益或者增加公民、法人和其他组织义务的行政行为的；③违反规定的步骤、顺序、方式、形式等规定程序实施行政行为的；④超过法定时限或者合理时限履行职责的；⑤超越法定权限实施行政行为的；⑥隐瞒、截留、挪用、私分或者变相私分行政征收征用款物的；⑦违法查封、扣押、没收、征收、征用财物的；⑧不具有行政执法资格或者违反规定使用执法证件的；⑨违反规定乱收费，或者要求行政相对人接受有偿服务、购买指定商品以及承担其他非法定义务的；⑩违反规定制作法律文书、使用票据的；⑪违法委托其他组织或者个人履行职责的；⑫实施行政行为无事实根据，或者主要事实不清，主要证据不足的；⑬国家和本市规定的其他违法履行行政职责的情形。

不履行的情形包括：①对依申请、请求、申诉的行政行为，未按照规定受理、审查、决定的；②未按照规定检查、检验、检测、检疫的；③对发现的违法行为未制止、纠正的；④对依法应当给予行政处罚或者采取行政强制措施的违法行为，未予处理的；⑤收到公民、法人或者其他组织的投诉、举报后，未按照规定调查、处理的；⑥应当履行保护公民、法人和其他组织人身权和财产权等法定职责，而未履行的；⑦行政相对人询问有关行政许可、行政给付条件、程序、标准等事项，拒绝答复的；⑧未履行行政复议职责、行政诉讼应诉职责、行政赔偿或者行政补偿职责，损害政府与行政相对人关系的；⑨未履行信息公开义务、告知义务或者保密义务的；⑩国家和本市规定的其他不履行行政职责的情形。

不当履行的情形包括：①工作作风懈怠、工作态度恶劣的；②对于明显相同情况的相对人不同对待，歧视特定相对人，或者为实现行政管理目标采取的行政方法、手段明显失当等滥用自由裁量权履行行政职责的；③国家和本市规定的其他不当履行行政职责的情形。

四、本条规定的法律责任主要包括行政问责、行政处分以及刑事责任

行政问责，是指一级政府对现任该级政府负责人、该级政府所属各工作部门和下级政府主要负责人在所管辖的部门和工作范围内由于故意或者过失，不

履行或者未正确履行法定职责，以致影响行政秩序和行政效率，贻误行政工作，或者损害行政管理相对人的合法权益，给行政机关造成不良影响和后果的行为，进行内部监督和责任追究的制度。按照《北京市行政问责办法》，行政问责的方式包括：①责令作出书面检查；②责令道歉；③通报批评；④行政告诫；⑤停职检查；⑥调离工作岗位；⑦责令辞去领导职务；⑧免职。

行政处分，也称行政纪律处分，是指行政机关内部上级对下级以及监察机关、人事部门按照行政隶属关系，对违反政纪的人员依法给予的一种法律制裁。根据《中华人民共和国公务员法》，行政处分包括警告、记过、记大过、降级、撤职、开除6种形式。

刑事责任，是指具有刑事责任能力的人实施了刑事法律所禁止的行为即犯罪行为所必须承担的法律义务。本条规定的刑事责任主要包括滥用职权罪和玩忽职守罪。滥用职权罪客观方面表现为违反或者超越本法规定的权限和程序而使用手中的职权，致使公私财产、国家和人民利益遭受重大损失的行为；玩忽职守罪客观方面表现为不履行、不正确履行或者放弃履行北京市湿地保护管理职责，致使公私财产、国家和人民利益遭受重大损失的行为。按照《中华人民共和国刑法》第三百九十七条规定，国家机关工作人员滥用职权或者玩忽职守，致使公共财产、国家和人民利益遭受重大损失的，处3年以下有期徒刑或者拘役；情节特别严重的，处3年以上7年以下有期徒刑。

相关规定

《中华人民共和国公务员法》；《中华人民共和国刑法》；《中华人民共和国环境保护法》；《党政领导干部生态环境损害责任追究办法(试行)》；《北京市行政问责办法》。

第三十九条　违反本条例第二十条第二款规定，损毁、涂改、擅自移动湿地保护标志的，由湿地保护管理部门责令限期改正，可以处 500 元以上 5000 元以下罚款。

条文主旨

本条是对违反《条例》第二十条第二款的行为进行强制性处罚的规定。

立法背景

《条例》第二十条规定湿地保护管理部门应当在列入名录的湿地设立保护标志。本条对破坏湿地保护标志的行为做出责令限期改正和处罚的措施，加强了对湿地保护标志的监管和保护。

条文解读

一、损毁、涂改、擅自移动湿地保护标志的，由湿地保护管理部门责令限期改正

根据《中华人民共和国行政处罚法》第二十三条规定："行政机关实施行政处罚时，应当责令当事人改正或者限期改正违法行为"。所谓责令限期改正违法违规行为，是指湿地保护管理行政主体责令违法行为人停止和纠正违法行为，以恢复原状，维持法定的秩序或者状态，具有事后救济性，其既可以单独适用，亦可以和行政处罚合并适用。因此，当湿地保护管理部门发现任何单位和个人损毁、涂改、擅自移动湿地保护标志时，责令限期改正。

二、 处 500 元以上 5000 元以下罚款

参考《北京市园林绿化行政处罚裁量基准》（2019 年修订），不同违法情节

有不同的罚款标准：①“损毁、涂改、擅自移动湿地保护标志但标志尚具备其功能的”处以500元以上2500元以下罚款；②“损毁、涂改、擅自移动湿地保护标志致使其标志功能丧失的”处以2500元以上5000元以下罚款。

相关规定

《中华人民共和国行政处罚法行政处罚法》；《北京市园林绿化行政处罚裁量基准》。

第四十条　列入名录的湿地的管理机构或者责任单位违反本条例第二十四条规定不履行职责的，由湿地保护管理部门责令改正；其主要负责人、直接责任人属于国家工作人员的，按规定给予行政处分。

条文主旨

本条是关于列入名录湿地的管理机构或者责任单位的处罚规定。

立法背景

《条例》规定北京市对国家重要湿地、市级湿地和区县级湿地实行名录管理，本条是对列入湿地的管理机构或者责任单位不依法履行职责的处罚规定，明确了行政执法的主体、处罚的对象和方式。

本条是对违反本条例第二十四条的行为进行强制性处罚的措施。

条文解读

一、承担本条规定的法律责任的主体是列入名录的湿地的管理机构或者责任单位，行政执法的主体是湿地保护管理部门

《条例》第十七条第三款规定湿地名录应当明确湿地的管理机构或者责任单位，以及保护管理部门等事项。北京市第一批市级湿地名录包含35块湿地，涉及的管理机构或者责任单位包括湿地自然保护区管理处/办公室/所/站、镇人民政府、湿地公园管理处、大中型水库管理处/所，和市属公园管理处等；湿地保护管理部门包括市区园林绿化局、市区农业局和市区水务局。

二、本条规定的违法行为，参照《条例》第二十四条相关规定

《条例》第二十四条明确规定了列入名录的湿地的管理机构或者责任单位应该履行的八项职责。

三、行政处分的对象是列入名录的湿地的管理机构或者责任单位中属于国家工作人员的行为人

根据《中华人民共和国宪法》第六条和《中华人民共和国刑法》第九十三条规定，国家工作人员主要包含四类：①国家机关工作人员。在国家机关中从事公务的人员，包括在各级国家权力机关、行政机关、司法机关和军事机关中从事公务的人员。②国有公司、企业、事业单位、人民团体中从事公务的人员。国有公司、是指公司财产属于国家所有的公司及国家控股的股份公司。国有企业，是指财产属于国家所有而从事生产性、经营性的企业。国有事业单位，是指国家投资兴办、管理从事科研、教育、文化、体育、卫生、新闻、广播电视、出版等单位。人民团体，是指各民主党派，工商联，各级青、工、妇等人民群众团体。③国家机关、国有公司、企业、事业单位委派到非国有公司、企业、事业单位、社会团体从事公务的人员。“委派”，是指委任和派出。受委派从事公务的人员，无论其先前是否具有国家工作人员身份，只要具有合法被委

派的身份，即应视为是国家工作人员。④其他依照法律从事公务的人员。根据2009年8月27日修正的《全国人民代表大会常务委员会关于〈中华人民共和国刑法〉第九十三条第二款的解释》，村民委员会等村基层组织人员协助人民政府从事下列行政管理工作，属于刑法第九十三条第二款规定的“其他依照法律从事公务的人员”：①救灾、抢险、防汛、优抚、扶贫、移民、救济款物的管理；②社会捐助公益事业的款物的管理；③国有土地的经营和管理；④土地征收、征用补偿费用的管理；⑤代征、代缴税款；⑥有关计划生育、户籍、征兵工作；⑦协助人民政府从事其他行政管理工作。

相关规定

《中华人民共和国宪法》；《中华人民共和国刑法》。

第四十一条　违反本条例第二十五条规定，从事不符合湿地保护发展规划的活动，对湿地造成破坏的，由湿地保护管理部门责令停止违法行为，限期恢复原状；恢复原状前不得开展湿地保护以外的其他活动。

条文主旨

本条是关于从事不符合湿地保护发展规划的活动的处罚规定。

立法背景

本条是对《条例》第二十五条的罚则。第二十五条“利用列入名录的湿地从事生态展示、科普教育、生态旅游等活动，应当符合湿地保护发展规划”，本条规定了相应的罚则，进一步增加了湿地保护发展规划在全市湿地保护工作的引领作用。

条文解读

依据《条例》第二十五条，本条规定的罚则范围是北京市列入名录的湿地，行政执法的主体是湿地保护管理部门。

本条规定的违法行为是指不符合湿地保护发展规划的活动，对湿地造成破坏的行为。依据《条例》第二十五条，这里的“活动”是指生态展示、科普教育、生态旅游等活动；“不符合湿地保护发展规划”是指不符合北京市湿地保护发展规划对全市湿地的总体布局、建设内容和重点建设工程的相关要求等；“对湿地造成破坏”的行为包括超出湿地承载力，改变湿地生态功能、破坏野生动植物生存环境等。

第四十二条　违反本条例第二十七条第一款规定，未经批准擅自开垦、占用湿地或者改变湿地用途的，由湿地保护管理部门责令停止违法行为、限期恢复原状，并按照占用湿地或者改变湿地用途的面积，以每平方米2000元以上5000元以下的标准处以罚款。

违反本条例第二十七条第三款规定，经批准占用湿地，未按照湿地恢复建设方案在指定地点补建的，由园林绿化行政部门责令限期补建；逾期不补建的，按照占用湿地的面积，以每平方米2000元以上5000元以下的标准处以罚款。

当事人逾期不恢复原状或者逾期不补建的，湿地保护管理部门可以依法实施代履行。

条文主旨

本条是关于擅自开垦、占用湿地或者改变湿地用途，及未按照湿地恢复建设方案在指定地点补建等行为的行政处罚规定。

立法背景

《条例》第二十七条规定对列入名录湿地的征占用实行从区政府，市湿地保护部门，到湿地保护联席会议，再到市级人民政府的四级审批程序，这是北京市实行最严格的湿地保护管理制度的一项重要措施，因此明确违反列入名录湿地的征用、占用审批程序的法律责任是必要的。

条文解读

承担本条规定的法律责任主要有 2 种情形：

一、 未经批准擅自开垦、 占用湿地或者改变湿地用途的

《条例》第二十七条第一款规定“列入名录的湿地，任何单位和个人未经批准不得擅自开垦、占用或者改变湿地用途”。对北京市列入湿地名录的湿地，未经相应的湿地管理部门批准，不得擅自开发、利用湿地中的资源，以及将湿地变为农田、建筑用地等其他类型的用地。如若违反规定，由湿地保护管理部门责令停止违法行为，并在规定时间内恢复原状。

《北京市园林绿化行政处罚裁量基准》针对违反第二十七条第一款的行为给出了更详细的处罚标准：①“未经批准擅自开垦、占用湿地或者改变湿地用途面积不足 500 平方米的”处以每平方米 2000 元罚款；②“未经批准擅自开垦、占用湿地或者改变湿地用途面积在 500 平方米以上不足 2000 平方米的”处以每平方米 2000 元以上 3000 元以下的罚款；③“未经批准擅自开垦、占用湿地或者改变湿地用途面积在 2000 平方米以上的”处以每平方米 3000 元以上 5000 元以下罚款。

二、经批准占用湿地，未按照湿地恢复建设方案在指定地点补建的

本条例第二十七条第三款规定“经批准占用列入名录的湿地的，建设单位

应当按照湿地保护发展规划、国家和本市有关湿地保护的标准和技术规范，制定湿地恢复建设方案，经市湿地保护部门审核同意后，按照湿地恢复建设方案在指定地点补建不少于占用面积并具备相应功能的湿地；建设单位也可以委托湿地保护部门组织专业单位按照湿地恢复建设方案，在指定地点补建不少于占用面积并具备相应功能的湿地，费用由建设单位承担。”湿地恢复建设方案必须明确规定湿地的面积、类型及建设地点，主要是为了确保湿地面积总量不减少。未按照湿地恢复建设方案在指定地点补建的，由园林绿化行政部门责令限期补建；逾期不补建的，按照占用湿地的面积，参考《北京市园林绿化行政处罚裁量基准》罚款：①“占用湿地面积不足500平方米的”处以每平方米2000元的罚款；②“占用湿地面积500平方米以上不足2000平方米的”处以每平方米2000元以上3000元以下的罚款；③“占用湿地面积2000平方米以上的”处以每平方米3000元以上5000元以下的罚款。

三、当事人逾期不恢复原状或者逾期不补建的，湿地保护管理部门可以依法实施代履行

这项规定指湿地恢复工作需行政强制措施。代履行是指义务人逾期不履行行政法义务，由他人代为履行可以达到相同目的的，行政机关可以自己代为履行或者委托第三人代为履行，向义务人征收代履行费用的行政强制措施制度。代履行主要适用于该行政法义务属于可以由他人代替履行的作为义务，例如排除障碍、恢复原状、强制拆除等。

相关规定

《北京市园林绿化行政处罚裁量基准》。

第四十三条　违反本条例第三十一条第一项规定的，由湿地保护管理部门责令改正或者恢复原状，处 500 元以上 5000 元以下罚款。

违反本条例第三十一条第二项至第七项规定的，由湿地保护管理部门责令改正或者恢复原状，处 5000 元以上 5 万元以下罚款；造成严重后果的，处 5 万元以上 50 万元以下罚款。

条文主旨

本条是对在列入名录的湿地保护范围内从事破坏湿地行为的处罚规定。

立法背景

《条例》第三十一条将列入名录的湿地保护范围纳入到条款保护范围，明确规定了需要予以禁止的行为类型。本条就是针对该类禁止行为制定的具体的处罚措施，是湿地保护管理执法的相关依据。

条文解读

本条第一款和第二款针对破坏湿地行为后果的严重性，将罚款分为 500 ~ 5000 元，5000 ~ 5 万元，和 5 万 ~ 50 万元这三个级别。《北京市园林绿化行政处罚裁量基准》针对第三十一条的禁止行为给出了更详细的处罚标准，见下表。

北京市园林绿化湿地违法行为处罚裁量基准表

违法行为	违法情节	裁量基准
违反《北京市湿地保护条例》第三十一条第(一)项规定，在列入名录的湿地保护范围内采集泥炭、采挖野生植物、捡拾鸟蛋的行为	视采集泥炭、采挖野生植物、捡拾鸟蛋的情节	由湿地保护管理部门责令改正或者恢复原状，处以500元以上5000元以下的罚款
违反《北京市湿地保护条例》第三十一条第(二)项规定，在列入名录的湿地保护范围内抓捕野生动物，破坏野生动物繁殖区和栖息地的行为	抓捕野生动物无捕获物的，破坏野生动物栖息地面积不足1000平方米或者破坏野生动物繁殖区面积不足500平方米	由湿地保护管理部门责令改正或者恢复原状，处以5000元以上2万元以下罚款
	抓捕非重点保护野生动物的，破坏野生动物栖息地面积1000平方米以上或者破坏野生动物繁殖区面积500平方米以上的	由湿地保护管理部门责令改正或者恢复原状，处以2万元以上5万元以下罚款
	抓捕市级重点野生动物的，破坏野生动物栖息地面积不足1000平方米或者破坏野生动物繁殖区面积不足500平方米且不能恢复原状的	由湿地保护管理部门责令改正或者恢复原状，处以5万元以上20万元以下罚款
	抓捕国家级重点野生动物的，破坏野生动物栖息地面积1000平方米以上或者破坏野生动物繁殖区面积500平方米以上且不能恢复原状的	由湿地保护管理部门责令改正或者恢复原状，处以20万元以上50万元以下罚款
违反《北京市湿地保护条例》第三十一条第(四)项规定，在列入名录的湿地保护范围内投放林业有害物种或者擅自引入林业外来物种的行为	在区级或一般湿地内投放林业有害物种或者擅自引入林业外来物种，尚没有造成危害的	由湿地保护管理部门责令改正或者恢复原状，处以5000元以上1.5万元以下罚款
	在市级湿地内，投放林业有害物种或者擅自引入林业外来物种，尚没有造成危害的	由湿地保护管理部门责令改正或者恢复原状，处以1.5万元以上3万元以下罚款
	在国家级湿地内，投放林业有害物种或者擅自引入林业外来物种，尚没有造成危害的	由湿地保护管理部门责令改正或者恢复原状，处以3万元以上5万元以下罚款
	在区级或一般湿地内投放林业有害物种或者擅自引入林业外来物种，已造成危害的	由湿地保护管理部门责令改正或者恢复原状，处以5万元以上15万元以下罚款
	在市级湿地内，投放林业有害物种或者擅自引入林业外来物种，已造成危害的	由湿地保护管理部门责令改正或者恢复原状，处以15万元以上30万元以下罚款
	在国家级湿地内，投放林业有害物种或者擅自引入林业外来物种，已造成危害的	由湿地保护管理部门责令改正或者恢复原状，处以30万元以上50万元以下罚款

（续）

违法行为	违法情节	裁量基准
违反《北京市湿地保护条例》第三十一条第（六）项规定，在列入名录的湿地保护范围内破坏湿地保护监测设施设备的行为	在区级和一般湿地内，破坏湿地保护监测设施设备，经简易维修仍可使用的	由湿地保护管理部门责令改正或者恢复原状，处以5000元以上1.5万元以下罚款
	在市级湿地内，破坏湿地保护监测设施设备，经简易维修仍可使用的	由湿地保护管理部门责令改正或者恢复原状，处以1.5万元以上3万元以下罚款
	在国家级湿地内，破坏湿地保护监测设施设备，经简易维修仍可使用的	由湿地保护管理部门责令改正或者恢复原状，处以3万元以上5万元以下罚款
	在区级和一般湿地内，破坏湿地保护监测设施设备，造成严重后果的	由湿地保护管理部门责令改正或者恢复原状，处以5万元以上15万元以下罚款
	在市级湿地内，破坏湿地保护监测设施设备，造成严重后果的	由湿地保护管理部门责令改正或者恢复原状，处以15万元以上30万元以下罚款
	在国家级湿地内，破坏湿地保护监测设施设备，造成严重后果的	由湿地保护管理部门责令改正或者恢复原状，处以30万元以上50万元以下罚款
违反《北京市湿地保护条例》第三十一条第（七）项规定，在园林绿化行政主管部门管理的湿地保护范围内擅自建造建筑物、构筑物的行为	在区级和一般湿地内，擅自建造建筑物、构筑物的，情节轻微的	由湿地保护管理部门责令改正或者恢复原状，处以5000元以上1.5万元以下罚款
	在市级湿地内，擅自建造建筑物、构筑物的，情节轻微的	由湿地保护管理部门责令改正或者恢复原状，处以1.5万元以上3万元以下罚款
	在国家级湿地内，擅自建造建筑物、构筑物的，情节轻微的	由湿地保护管理部门责令改正或者恢复原状，处以3万元以上5万元以下罚款
	在区级和一般湿地内，擅自建造建筑物、构筑物的，造成严重后果的	由湿地保护管理部门责令改正或者恢复原状，处以5万元以上15万元以下罚款
	在市级湿地内，擅自建造建筑物、构筑物的，造成严重后果的	由湿地保护管理部门责令改正或者恢复原状，处以15万元以上30万元以下罚款
	在国家级湿地内，擅自建造建筑物、构筑物的，造成严重后果的	由湿地保护管理部门责令改正或者恢复原状，处以30万元以上50万元以下罚款

相关规定

《北京市园林绿化行政处罚裁量基准》。

第四十四条　违反本条例规定占用湿地、改变湿地用途、破坏湿地和保护标志的，湿地管理机构、责任单位或者湿地所有权人、使用人有权要求侵权人停止侵害、恢复原状或者赔偿损失。

条文主旨

本条是关于占用湿地、改变湿地用途、破坏湿地和保护标志等侵害行为承担侵权责任方式的规定。

立法背景

侵权人是指实施侵害他人权益行为的人。

条文解读

本条责任主体是任何占用湿地、改变湿地用途、破坏湿地和保护标志的个人、单位、组织等，义务主体是湿地管理机构、责任单位或者湿地所有权人、使用人。湿地管理机构和责任单位参照第四十条的释义。湿地所有权人包括：①乡、村集体经济组织；②依法直接从国家取得国有土地使用权的单位和个人；③使用集体土地进行非农建设的单位和个人；④跨地区国有工程设施一般以业务主管机关为土地登记单位。

本条规定包括停止侵害、恢复原状和赔偿损失。停止侵害是湿地管理机构、责任单位或者湿地所有权人、使用人有权依法请求任何占用湿地、改变湿地用途、破坏湿地和保护标志的个人、单位、组织等停止相关湿地破坏行为；恢复原状是指将破坏的湿地进行修复，是湿地在面积和生态功能上恢复到原有状态；赔偿损失就是以支付金钱的方式弥补占用湿地、改变湿地用途、破坏湿地和保护标所造成的财产或者利益损失。

相关规定

《中华人民共和国民法通则》；《中华人民共和国民法总则》。

第四十五条　对违反本条例规定的行为，法律、法规已规定法律责任的，从其规定。

条文主旨

本条是对《条例》法律责任与其他法律法规衔接的规定。

立法背景

行政法需要遵循法律优先的原则，即下一位阶的法律法规要依据上一位阶的法律法规，具体原则包括：①“依据(法律)”原则，是指行政立法应服从法律位阶的要求，以上位法作为行政立法的根据；②“不抵触”原则，是指在法律位阶的层级结构中，下位阶的法律不得与上位阶的法律相冲突，凡有冲突的应以上位阶的法律为准绳。

条文解读

《条例》属于地方行政法规，因此在执行的时候需要遵从部门规章。

上位法包括：《中华人民共和国野生动物保护法》《中华人民共和国水法》《中华人民共和国土地管理法》《中华人民共和国渔业法》《中华人民共和国环境保护法》《中华人民共和国水污染防治法》《中华人民共和国防洪法》《中华人民共和国草原法》《中华人民共和国海洋环境保护法》《中华人民共和国自然保护

区条例》《中华人民共和国水生野生动物保护实施条例》《海洋自然保护区管理办法》《中华人民共和国河道管理条例》《中华人民共和国渔业法实施细则》等

相关规定

同上所列。

第六章

附则

第四十六条　本条例自 2013 年 5 月 1 日起施行。

条文主旨

本条是关于《条例》生效日期的规定。

条文解释

《条例》的生效日期，是指《条例》制定出来以后从何时开始实施，也就是说从何时起具有法律效力。本条例于 2012 年 12 月 27 日正式通过，从通过至施行有一段时间的法律实施的准备期。2013 年 5 月 1 日开始正式施行。本《条例》是北京市第一部关于湿地保护的地方性法规，其中包含的湿地保护宗旨和理念与 2016 年国务院“湿地保护修复制度方案”高度契合，体现了立法的前瞻性和引导性。

附　录

北京市湿地保护条例

（2012 年 12 月 27 日北京市第十三届人民代表大会
常务委员会第三十七次会议通过）

目　录

第一章　总　则

第一条　为了加强湿地保护，维护湿地生态功能和生物多样性，促进湿地资源的可持续利用，保障首都生态安全，建设宜居城市，根据有关法律、法规，结合本市实际情况，制定本条例。

第二条　本条例适用于本市行政区域内湿地的规划和建设、管理和利用、监督检查及其他湿地保护活动。有关法律、法规对湿地保护作出规定的，依照其规定执行。

本条例所称湿地是指天然或者人工形成的河流、湖泊、库塘、沼泽等常年或者季节性、带有静止或者流动水体、适宜喜湿野生生物生存的地域。

第三条 湿地保护是生态公益事业。

市和区、县人民政府应当加强对湿地保护工作的领导，将湿地保护纳入国民经济和社会发展规划和计划，保障湿地保护建设项目和管理工作所需的资金投入，并将湿地保护经费列入同级财政预算。

乡镇人民政府和街道办事处应当做好本辖区内湿地保护的相关工作。

第四条 本市实行最严格的湿地保护管理制度。市和区、县人民政府及其有关部门应当实行湿地保护目标责任制，确保湿地面积总量不减少，并采取措施，提升湿地质量，改善湿地功能。

市人民政府应当定期对有关部门和区县人民政府湿地保护目标完成情况进行考核。

第五条 本市湿地保护坚持生态优先、全面保护、突出重点、合理利用、持续发展的方针，充分发挥湿地涵养水源、净化水质、蓄洪防旱、调节气候、固碳释氧、改善空气质量和维护生物多样性等功能。

第六条 本市实行综合协调、分部门实施的湿地保护管理体制。

市和区、县园林绿化行政部门负责本行政区域内湿地保护的组织、协调、指导和监督。

市和区、县园林绿化、水务、农业行政部门(以下统称湿地保护管理部门)按照市人民政府确定的职责，分别负责湿地保护管理工作；发展改革、财政、国土资源、规划、环境保护等其他有关部门依照职责分工，做好湿地保护相关工作。

市和区、县人民政府建立健全湿地保护联席会议制度，研究、协调涉及湿地保护的重大事项及相关工作。园林绿化行政部门承担湿地保护联席会议的日常工作。

第七条 每年九月的第三个星期日为“北京湿地日”。

各级人民政府、有关部门、新闻媒体应当组织和开展经常性的湿地保护宣传教育，普及湿地保护法律法规和科学知识，提高全社会湿地保护意识。

第八条 鼓励公民、法人和其他组织以宣传教育、捐赠、志愿服务等形式参与湿地保护活动。

鼓励、支持湿地保护科学技术研究和成果转化应用，提高湿地保护科学技术水平。对在湿地保护中作出显著成绩的单位或者个人，市和区、县人民政府或者湿地保护管理部门应当给予表彰、奖励。

第二章　规划和建设

第九条　市和区、县园林绿化行政部门应当会同发展改革、水务、农业、规划、国土资源、环境保护等部门编制全市和区县湿地保护发展规划，报本级人民政府批准后公布实施。区县湿地保护发展规划应当符合全市湿地保护发展规划，并报市园林绿化行政部门备案。

编制湿地保护发展规划应当采取座谈会、论证会、听证会等多种形式，公开、广泛听取专家和公众意见。

第十条　湿地保护发展规划应当明确湿地保护的目标任务、总体布局、保护重点和保障措施等。

湿地保护发展规划应当符合本市国民经济和社会发展规划、城乡规划、土地利用总体规划和主体功能区规划，与水资源、防洪、水土保持、环境保护等规划相互协调。

第十一条　湿地保护发展规划是湿地建设、管理、利用等湿地保护相关工作的依据，任何单位和个人未经批准不得修改。确需修改的，应当按照原审批程序报批、备案。湿地保护发展规划修改后应当重新公布。

第十二条　列入湿地保护发展规划的湿地保护建设项目，市和区、县人民政府应当根据项目前期准备工作和建设资金落实情况，在各年度国民经济和社会发展计划中予以安排。

市和区、县湿地保护管理部门应当按照湿地保护发展规划制定湿地保护工程规划或者保护方案，组织恢复或者建设湿地，落实保护措施。

园林绿化行政部门应当为恢复或者建设湿地提供技术指导和服务。

第十三条　恢复或者建设湿地，应当符合国家和本市有关湿地保护的标准和技术规范，采用自然或者生态的材料和工艺，维护湿地生态功能。防洪、抗旱、水系治理等涉及湿地的工程应当兼顾湿地生态功能，最大限度地减少采用影响湿地生态功能的工程措施。

恢复或者建设湿地，应当种植湿地植物，根据野生动物活动特点和规律，建设野生动物繁殖、栖息环境。

市园林绿化行政部门应当会同有关部门编制有关湿地保护的标准和技术规范。

第十四条 恢复或者建设湿地应当考虑本地区水资源状况，充分利用雨洪水和再生水，禁止使用地下水。

鼓励、支持污水处理单位恢复或者建设湿地，利用湿地生物资源和生态工程降解污染物、净化水质。

第十五条 市和区、县人民政府应当制定政策措施，支持村集体经济组织或者农民在集体土地上恢复或者建设湿地，改善农村生态环境。

第三章 管理和利用

第十六条 本市对湿地实行分级分类保护，按照湿地生态功能和环境效益的重要性，将湿地分为国家重要湿地、市级湿地、区县级湿地和一般湿地，并对国家重要湿地、市级湿地和区县级湿地采取设立湿地自然保护区、湿地公园、湿地自然保护小区等方式予以保护。

第十七条 本市对国家重要湿地、市级湿地和区县级湿地实行名录管理。

国家重要湿地名录按照国家有关规定确定并公布。市级湿地名录由市园林绿化行政部门会同市水务、农业行政部门提出，报市人民政府批准后公布。区县级湿地名录由区县园林绿化行政部门会同区县水务、农业行政部门提出，报区县人民政府批准后公布。

湿地名录应当明确湿地的名称、类型、管理机构或者责任单位、保护管理部门等事项。

湿地名录的确定应当征求规划行政主管部门的意见。

第十八条 本市面积 8 公顷以上的湿地，应当列入湿地名录。

符合下列条件之一的，应当列入市级湿地名录：

（一）河流湿地、湖泊湿地和沼泽湿地；

（二）库容量在1000万立方米以上的库塘湿地；

（三）具有重要的人文、科学研究和宣传教育价值的湿地；

（四）具有生态系统典型性和代表性的湿地。

第十九条 列入名录的湿地应当划定保护范围。保护范围由市或者区、县园林绿化行政部门会同同级水务、农业行政部门，按照维护湿地生态系统的整体性、联通性、稳定性及保护相关权利人利益的原则提出建议，经征求规划行政主管部门意见后，报市或者区、县人民政府批准后公布。

根据国家和本市河湖保护管理规定划定的河湖管理范围和保护范围，可以作为列入名录的河湖湿地的保护范围。

第二十条 湿地保护管理部门应当在列入名录的湿地设立保护标志，标明湿地的名称、类型、保护级别、保护范围、管理机构或者责任单位、保护管理部门。保护标志的样式由市园林绿化行政部门根据国家规定统一制定。

任何单位和个人不得损毁、涂改、擅自移动湿地保护标志。

第二十一条 珍稀濒危野生动植物物种集中分布地、鸟类主要繁殖栖息地或者重要迁徙停歇地等具有生态系统典型性和代表性的湿地，应当设立湿地自然保护区。

湿地自然保护区的设立和管理，应当遵守国家有关自然保护区的规定和本条例。

第二十二条 具有一定规模和景观价值，适宜开展生态展示、科普教育、生态旅游等活动的湿地，可以设立湿地公园。

市级湿地公园的设立，由所在地区县园林绿化行政部门提出申请，报市园林绿化行政部门批准。区县级湿地公园的设立，由所在地区县园林绿化行政部门决定。

湿地公园应当划分为湿地保育区、生态功能展示体验区和管理服务区等，实行分区管理。在保育区内只能开展保护、监测等必需的湿地生态系统保护活动；在生态功能展示体验区内只能开展以生态展示、科普教育和生态旅游为主的活动；在管理服务区内可以开展管理和服务等活动。

第二十三条 具有湿地自然保护区部分特征，但面积较小、不适宜设立湿地自然保护区或者湿地公园的湿地，可以设立湿地自然保护小区。

湿地自然保护小区的设立，由所在地区县园林绿化行政部门提出申请，报市园林绿化行政部门会同市水务、农业行政部门批准。

在湿地自然保护小区内只能开展科学实验和保护、监测等必需的湿地生态系统保护活动。

第二十四条 列入名录的湿地的管理机构或者责任单位应当履行下列职责：

（一）贯彻执行有关湿地保护的法律、法规、规章和政策；

（二）制定并实施湿地保护管理工作制度；

（三）开展有关湿地资源调查并建立档案，组织湿地生态监测，及时分析监测结果，适时调整保护措施；

（四）组织实施湿地保护、恢复等建设工程；

（五）及时清理废弃的建筑物、构筑物等设施；

（六）制止破坏湿地的行为，并协助有关部门进行调查处理；

（七）组织开展生态展示、科普教育、生态旅游等活动；

（八）开展其他湿地保护活动。

第二十五条 利用列入名录的湿地从事生态展示、科普教育、生态旅游等活动，应当符合湿地保护发展规划，不得超出湿地承载能力、改变湿地生态功能、破坏野生动植物生存环境。

第二十六条 水务行政部门在保障生活用水的前提下，应当合理调配水资源，充分利用雨洪水和再生水，维持湿地自然保护区、湿地公园和湿地自然保护小区的基本生态用水，维护湿地生态系统。

第二十七条 列入名录的湿地，任何单位和个人未经批准不得擅自开垦、占用或者改变湿地用途。

列入名录的湿地因基础设施建设等特殊原因需要占用的，建设单位应当在办理建设项目规划审批手续前，先报湿地所在地的区、县人民政府；经湿地所在地的区、县人民政府同意后，向市湿地保护部门提出申请；市湿地保护部门通过论证会、听证会等形式广泛听取专家和公众意见后，对占用湿地申请提出处理意见，提交市湿地保护联席会议研究；经市湿地保护联席会议研究，不同意占用湿地的，由湿地保护部门书面告知建设单位并说明理由；经市湿地保护联席会议研究确需占用湿地的，由市湿地保护部门报经市人民政府同意后，建设单位方可办理规划审批手续；未经市人民政府同意占用湿地的，规划行政部门不予办理规划审批手续。

经批准占用列入名录的湿地的，建设单位应当按照湿地保护发展规划、国家和本市有关湿地保护的标准和技术规范，制定湿地恢复建设方案，经市湿地保护部门审核同意后，按照湿地恢复建设方案在指定地点补建不少于占用面积并具备相应功能的湿地；建设单位也可以委托湿地保护部门组织专业单位按照湿地恢复建设方案，在指定地点补建不少于占用面积并具备相应功能的湿地，费用由建设单位承担。

第二十八条 建设项目的环境影响评价范围内有列入名录的湿地的，建设单位应当依法办理环境影响评价审批手续，并在报批的环境影响评价文件中，就建设项目对湿地主要保护对象和生态系统的影响作出重点分析，提出预防和减轻不良影响的措施。

环境保护行政主管部门在办理环境影响评价审批手续前，应当征求湿地保护部门的意见。

第二十九条 本市建立湿地保护专家咨询机制。市园林绿化行政部门应当组织设立湿地保护专家委员会，对湿地保护发展规划的编制、湿地名录的拟定、湿地保护范围的划定、湿地保护方案的制定、湿地资源的评估，以及在湿地保护范围内开展建设和利用等活动提供技术咨询意见。

湿地保护专家委员会成员由湿地、水资源、野生动植物、生态环境等方面的专家组成。

第三十条 按照湿地保护发展规划恢复或者建设湿地，造成农村集体经济组织或者农民合法权益损失的，市或者区、县人民政府依法予以补偿；对农民生产、生活造成影响的，应当作出妥善安排。

第三十一条 禁止在列入名录的湿地保护范围内从事下列行为：

（一）采集泥炭、采挖野生植物、捡拾鸟蛋；
（二）抓捕野生动物，破坏野生动物繁殖区和栖息地；
（三）投放有毒有害物质、倾倒废弃物或者排放未经处理的污水；
（四）投放有害物种或者擅自引入外来物种；
（五）擅自排放湿地水资源或者堵截湿地水系与外围水系的联系；
（六）破坏湿地保护监测设施设备；
（七）擅自建造建筑物、构筑物；
（八）法律、法规禁止的其他破坏湿地的行为。

第四章　监督检查

第三十二条　湿地保护管理部门应当依照法律、法规的规定和市人民政府确定的职责，加强对湿地保护工作的监督检查，并对违法行为予以行政处罚，落实湿地保护发展规划的目标和任务。

园林绿化行政部门应当加强对湿地保护发展规划实施情况的监督检查。

第三十三条　湿地所在地乡镇人民政府和街道办事处应当建立巡查制度，加强对本辖区内湿地保护情况的日常监督检查，协助湿地保护管理部门查处违反本条例的行为。

村民委员会、居民委员会发现违反本条例行为的，有权予以制止，并向湿地保护管理部门报告。

第三十四条　任何单位和个人都有保护湿地的义务，对破坏、侵占湿地的行为，有权向区县、乡镇人民政府或者湿地保护管理部门举报。

有关政府或者部门应当建立健全举报制度，公布举报电话和信箱；接到举报后，应当及时调查处理；经调查属实的，对举报人予以表彰或者奖励；将处理情况记录在案，供举报人查询。

第三十五条　湿地保护管理部门应当对湿地资源进行动态监测，对湿地的生态状况和利用情况进行评估。园林绿化行政部门应当及时汇总有关监测数据。

第三十六条　市园林绿化行政部门会同有关部门，每五年开展一次全市湿地资源调查，建立湿地资源档案。湿地资源调查结果应当向社会公布。

湿地资源调查主要包括湿地面积、类型、分布，以及野生动植物种类、数量、生存状况等内容。

第三十七条 湿地保护管理部门履行监督检查职责，可以采取现场检查、询问有关人员、查阅或者复制有关资料等方式。

行政执法人员进行监督检查时，应当出示执法证件；有关单位和个人不得拒绝、阻挠、妨碍行政执法人员依法进行监督检查。

第五章　法律责任

第三十八条 本市实行湿地保护管理责任追究制度。湿地保护管理部门或者其他有关部门及其工作人员违反本条例规定，违法履行、不履行或者不当履行湿地保护管理职责的，按照国家和本市有关规定给予行政问责和行政处分；构成犯罪的，依法追究刑事责任。

第三十九条 违反本条例第二十条第二款规定，损毁、涂改、擅自移动湿地保护标志的，由湿地保护管理部门责令限期改正，可以处500元以上5000元以下罚款。

第四十条 列入名录的湿地的管理机构或者责任单位违反本条例第二十四条规定不履行职责的，由湿地保护管理部门责令改正；其主要负责人、直接责任人属于国家工作人员的，按规定给予行政处分。

第四十一条 违反本条例第二十五条规定，从事不符合湿地保护发展规划的活动，对湿地造成破坏的，由湿地保护管理部门责令停止违法行为，限期恢复原状；恢复原状前不得开展湿地保护以外的其他活动。

第四十二条 违反本条例第二十七条第一款规定，未经批准擅自开垦、占用湿地或者改变湿地用途的，由湿地保护管理部门责令停止违法行为、限期恢复原状，并按照占用湿地或者改变湿地用途的面积，以每平方米2000元以上5000元以下的标准处以罚款。

违反本条例第二十七条第三款规定，经批准占用湿地，未按照湿地恢复建设方案在指定地点补建的，由园林绿化行政部门责令限期补建；逾期不补建的，按照占用湿地的面积，以每平方米 2000 元以上 5000 元以下的标准处以罚款。

当事人逾期不恢复原状或者逾期不补建的，湿地保护管理部门可以依法实施代履行。

第四十三条 违反本条例第三十一条第一项规定的，由湿地保护管理部门责令改正或者恢复原状，处 500 元以上 5000 元以下罚款。

违反本条例第三十一条第二项至第七项规定的，由湿地保护管理部门责令改正或者恢复原状，处 5000 元以上 5 万元以下罚款；造成严重后果的，处 5 万元以上 50 万元以下罚款。

第四十四条 违反本条例规定占用湿地、改变湿地用途、破坏湿地和保护标志的，湿地管理机构、责任单位或者湿地所有权人、使用人有权要求侵权人停止侵害、恢复原状或者赔偿损失。

第四十五条 对违反本条例规定的行为，法律、法规已规定法律责任的，从其规定。

第六章 附则

第四十六条 本条例自 2013 年 5 月 1 日起施行。